고전의 신이 되어라
인생을 혁명하는 즐거운 고전 읽기의 비밀

"고전을 가까이하는 자는
　　　　결코 망하지 않는다."

(EBS FM '고전 읽기'에서 매주 금요일 '김병완의 고전 불패'를 진행했던 '독서의 신' 10년 동안 100권의 책을 출간한 '집필의 신' 김병완 작가가 밝히는 고전 읽기의 기술이며, 고전 읽기 시리즈로 시리즈 제1권은 고전 독서 혁명_ 인간을 다시 만드는 책 읽기의 기술이며, 제2권은 고전의 신이 되어라 _ 인생을 혁명하는 즐거운 고전 읽기의 비밀이다. 또한 이 책은 11년 전 출간된 책의 개정 증보판입니다)

' 가난한 자는 책으로 부유해지고,
 부유한 자는 책으로 귀해진다.'

　_ 왕안석, [고문진보], {권학문} 중에서

프롤로그 _ 1년 만이라도 고전에 미쳐라.

단 1년 만이라도 미치도록 고전을 읽는 고전 마니아가 되어라. 그렇게 된다면 당신은 최고의 눈부신 인생을 살아갈 수 있게 될 것이다.

' 고전을 가까이하는 자는 절대로 망하지 않는다.'

이 말은 필자가 EBS 라디오 '김병완의 고전 불패'라는 방송을 매주 금요일 오후에 진행했을 때 내 걸었던 문장이었다.

'고전 불패'라는 말도 이 문장을 네 글자로 함축한 말이다. 우리가 고전 독서법이라는 이 책을 읽어야 하는 이유도 바로 여기에 있다.

고전을 가까이하는 자는 절대로 망하지 않기 때문이다. 그뿐만 아니라 고전을 가까이하는 자는 반드시 성공을 맛볼 수 있게 되고, 잘 살아갈 수 있게 된다. 고전 속에는 삶을 잘 살아낼 수 있는 지혜와 혜

안이 담겨 있기 때문이다. 그러므로 고전을 잘 읽는 방법을 제시해 준 이 책은 누구나 반드시 읽어야 할 책이다.

40대가 되기 전까지 필자는 고전은 물론이고 일반서 조차도 제대로 많이 읽지 않은 그런 사람이었다. 그 결과 좋은 대학을 나오고, 좋은 직장을 십 년 이상 다녔음에도 자기 삶조차도 주체적으로 살아가지 못했다.

누군가의 사상과 누군가의 주장에 휩쓸려 종속적인 삶을 살고 있는 것이었다.

한 마디로 노예의 삶이었고, 누구나 될 수 있는 그런 수백만 명의 삶 중에 똑같은 하나의 삶에 불과했다. 이런 삶을 살아 갈수록 점점 더 자기 삶의 의미와 가치는 찾을 수 없게 된다.

이런 삶을 살아간다면 열심히 살았음에도 나중에는 자기 자신을 잃게 되고, 빈껍데기 인생이 되고 만다.

나는 그것을 어느 순간 깨닫게 되었다.

그래서 나는 빈껍데기 인생에서, 종속적인 인생에서, 수백만 명의 삶과 똑같은 삶에서 벗어나기 위해 책을 붙잡았다. 수천만 원에서 수억 원의 연봉을 포기하고 책을 읽었다.

 결과적으로 책은 필자에게 새로운 인생을 살아갈 수 있는 힘을 주었다. 그리고 어제보다 더 나은 삶을 주체적으로 살아 나갈 수 있는 주인 정신과 사고력을 길러 주었다.

 덕분에 필자는 지난 40년 동안 살아왔던 삶과 비교도 안 되는 놀라운 삶을 살아가고 있다.

 만약에 누군가가 필자에게 다시 인생을 산다면 어떤 삶을 선택하고 싶은지 묻는다면 필자는 조금도 주저하지 않을 것이다. 지금의 삶이 백 배 더 좋은 삶이기 때문이다.

 고전 독서는 바로 이러한 삶의 변화와 도약을 만날

수 있게 해 준다. 그래서 고전 독서는 매우 중요하다. 하지만 그 방법과 접근법이 올바르지 못하거나 힘들거나 어렵다면 그림의 떡과 같은 것이 될 것이다.

이 책의 존재 목적은 바로 여기에 있다.

누구나 고전을 쉽고 즐겁게 그리고 올바르게 접근하고 읽을 수 있도록 고전 독서에 대한 몇 가지 방법을 담았다.

 명심하자. 고전을 가까이하는 자는 절대로 망하지 않는다. 그러므로 지금 당장 고전을 손에 들고 읽어라. 그렇게 되면 인생이 바뀌게 될 것이다.

 명심하자. 인생은 단 한 번뿐이다. 당신에게 주어진 단 한 번뿐인 인생을 시시하게 살아가고자 하는가? 그것이 아니라면 고전을 읽어라. 고전에 미쳐라. 단 한 번뿐인 인생! 최고로 살아봐야 하지 않겠는가?

프롤로그_ 1년 만이라도 고전에 미쳐라.

제1장. 고전, 고전의 세계 속으로

플라톤의 [국가]에 견줄 만한 우리 고전
_ [목민심서]
미국 대학에서 교재로 사용되는 우리 고전
_ [징비록]

군주라면 마키아벨리처럼 _ [군주론]
아홉 편의 단편소설집 _ 박지원의 [방경각외전]

동양 고전의 뿌리 _ 공자를 [논어]에서 만나다.
세상을 초월한 노자와 그의 책[도덕경]을 읽다.

고대 영웅들을 생생하게 만나다
_ [플루타르크 영웅전]
우리의 가장 오래된 역사책
_ [삼국사기]

제2장. 즐거운 고전 읽기

고전은 맛있는 빵이다.
다양한 고전을 접해야 한다.
열렬한 고전 마니아가 되어라.
삶으로서의 고전을 읽어라.
고전에 심취한 삶은 즐겁다.
고전과 친구가 돼라.
고전으로 인생을 혁명하라.
고전의 신이 되어라.
자신을 살아있는 고전으로 만들어라.
스스로 길을 열어가라.

에필로그 _ 단 한 번뿐인 인생, 제대로 살고 싶다면 고전에 미쳐라.

제1장. 고전, 고전의 세계 속으로

' 가난한 자는 책으로 부유해지고, 부유한 자는 책으로 귀해진다.'

_ 왕안석, [고문진보], {권학문} 중에서

플라톤의 [국가]에 견줄 만한 우리 고전_ [목민심서]

" 목민심서의 '목민(牧民)'이란 백성을 기른다는 뜻이요, '심서(心書)'란 목민할 마음은 있으나 몸소 실행할 수 없기 때문이다."   _ 다산 정약용.

2012년 유네스코는 ' 2012년 세계 기념 인물'로 헤르만 헤세, 장 자크 루소, 클로드 드뷔시와 함께 다산 정약용 선생을 선정했다.

이에 앞서 1997년에는 다산 선생이 설계하고 축조한 수원 화성이 세계에서 가장 아름답고 견고한 성으로 유네스코 문화유산에 등재되었다.

이처럼 다산 선생은 조선조 최고의 학자일 뿐만 아니라 세계적인 인물이다. 우리의 선조 중에는 세계적으로 높게 평가받는 인물들이 적지 않다.

마찬가지로 우리의 고전 중에서도 세계 최고의 고

전과 견줄만한 고전이 적지 않다는 것이 필자의 견해이다. 하지만 우리들은 우리의 것들보다도 다른 나라의 것들을 더 과대평가하는 경향이 매우 심하다.

그중의 하나가 우리 선조들이 남긴 위대한 고전들이고, 그런 우리의 고전 중에서도 다산 정약용 선생이 남긴 [목민심서]이다.

이 책의 서문에 보면 매우 의미심장한 말이 나온다.

" 나라가 털끝 하나 병들지 않은 것이 없다.
 지금 당장 고치고 바꾸지 않으면
 반드시 나라가 망하고 말 것이다. "

그의 말은 그가 허투루 하는 말이 아니었다. 그가 이렇게 [목민심서] 서문에 쓴 것이 정확히 100년도 지나지 않아서, 70여 년 후인 1910년 나라가 망했다.

지금도 그의 주장은 하나도 달라지지 않았다. 지금도 한국은 부정부패, 비리, 뇌물로 얼룩져 있다. 그런 점에서 이 책은 대한민국의 모든 국민이 반드시 읽어야 할 책이다.

이 책은 다산 선생께서 백성을 다스리는 목민관들이 반드시 지켜야 하는 사항들과 마음 자세, 생활 규칙과 백성을 다스리는 원리 등에 대해 기술한 책이다. 즉 목민관들을 위한 책이라고 할 수 있다.

 하지만 목민관이 아닌 일반인들도 꼭 봐야 할 필요가 있다. 그 이유는 이 책에 담긴 내용 중에서 적지 않은 내용들이 철저한 자기 관리와 마음 관리에 대한 것들이기 때문이다. 또한 누구나 작은 조직을 이끌어야 할 상황에 직면하게 된다.

 학교에서는 반장을 할 수도 있고, 직장에서는 쉽게 팀장이 되거나 하다못해 조기 축구회 회장이 될 수도 있으므로 크고 작은 리더의 위치에 누구나 서게 된다. 그때 리더가 갖추어야 할 정신과 자세, 행동들에 대해 제대로 알고 있는 사람과 그렇지 못한 사람은 큰 차이가 발생할 수밖에 없게 된다.

 다산 정약용 선생은 다른 관직은 구해도 좋지만, 백성을 다스리는 목민은 절대로 스스로 구해서는 안 된다고 이 책의 첫 장에서 강조한다. 그 이유는 목민이라는 위치가 다른 관리들과 달리 국가를 다스리는 군왕과 같이 매우 중요한 일이기 때문이라고 그는 생각했기 때문이다.

 다산 선생이 강조한 것 중에서도 가장 중요하다고 할 수 있는 목민관이 반드시 힘써야 할 것은 바로 '검소함' 이다.

 " 백성을 사랑하는 근본은 절약하여 쓰는 데 있고, 절약하는 근본은 검소한 데 있다. 검소한 뒤에야 청렴하고, 청렴한 뒤에야 자애로울 것이니, 검소야말로 목민하는 데 먼저 힘써야 할 것이다." < 다산 정약용, 이지영 엮음, [목민심서], 15쪽 >

 바로 이런 이유에서 다산 선생은 청렴이 목민관의 본무로 모든 선의 근원이요, 모든 덕의 뿌리가 되기 때문에, 청렴하지 않고서는 절대로 목민관 노릇을 제대로 할 수 없을 것이라고 말했다.

 그가 남긴 말 중에서도 너무 멋진 말들이 적지 않다. 아무래도 18년 동안의 유배지에서 그가 읽은 책이 수만 권을 훌쩍 뛰어넘었을 것이라고 필자는 생각한다. 그가 18년 동안 집필한 책이 500여 권이 되기 때문이다.

 집필의 양과 속도는 결국 독서의 양과 속도에 비례할 수밖에 없다고 생각한다.

그가 남긴 어록들을 보면, 핵심을 간파하는 통찰력이 예사롭지 않음을 알 수 있다. 청렴에 대해 그가 남긴 말은 필자의 마음을 순식간에 사로잡았다.

 " 청렴은 천하의 큰 장사이다. 그러므로 크게 탐하는 자는 반드시 청렴해지려 한다. 청렴하지 못한 사람은 그 지혜가 부족하기 때문이다."

 결국 욕심의 문제가 아니라, 지혜의 문제라는 것

이다. 어리석은 사람일수록 작은 것만 탐하고, 그래서 결국 청렴하지 못한 관리가 된다는 것이다. 실로 탁견이 아닐 수 없다. 그의 견해가 매우 놀라웠다.

지금, 이 시대에 보면, 많은 사람이 청렴하지 못 해서, 국무총리로 지명되었음에도 총리가 되지 못하고 중간에 포기하는 경우가 비일비재하다는 사실을 보면, 그의 주장이 보통 주장이 아님을 알 수 있다.

청렴한 사람은 결국 욕심이 없는 사람이기도 하겠지만, 먼저 지혜로워야 그것이 가능하다고 다산은 생각하고 있다. 지혜가 짧은 사람은 청렴할 수 없고, 그래서 장관도 할 수 없는 것이다. 하지만 지혜가 길면 장관도 할 수 있고, 대통령도 할 수 있다.

특히 다산은 목민관에게 바른 몸가짐을 강조했다. 그가 강조한 목민관의 바른 몸가짐을 구체적으로 살펴보자.

" 일상생활에 절도가 있고, 옷차림은 단정히 하며, 백성들에게 임할 때는 장엄하고 정중하게 하는 것이 예부터 내려오는 도(道)이다."

" 공무에 틈이 있으면, 반드시 정신을 집중하여 고요히 생각하며, 백성을 편안히 할 방책을 헤아리며, 지성으로 최선의 방법을 강구해야 한다."

그가 강조한 몸가짐 중에서 눈에 띄는 것은 '말을 많이 하지 말라'는 것과 ' 갑자기 성을 내지 말라'는 것이다.

그리고 목민관은 반드시 아랫사람을 너그럽게 대해야 백성이 순종하게 되고, 그렇지 않으면 반감을 사게 되기 때문에 조심해야 한다고 말한다.

목민관이 가져야 하는 자세 중에 하나로 절대로 자신의 선행을 자랑하지도 말고, 전임자의 허물을 말하지도 말라는 것을 그는 강조한다.

의복과 음식은 검소함을 법식으로 삼아야 하고, 나아가서 자신의 물건뿐만 아니라 나라의 재산과 공용의 재산조차도 절약할 수 있어야 훌륭한 목민관이 될 수 있다고 말한다.

"사용(私用)의 절약은 보통 사람도 할 수 있지만, 공고(公庫)를 절약하는 자는 드물다. 공물을 내 것처럼 아껴야 어진 목민관인 것이다." < 다산 정약용, 이지영 엮음, [목민심서], 90쪽 >

다산 선생은 사람을 잘 분별하고 활용하는 것이 매우 중요하다는 사실을 일찍이 깨달았다.

"천하의 만 가지 일이 모두 사람을 얻는 데 있으니, 적합한 사람을 얻지 못하면 그 일을 잘할 수 없는 것이다."

이 책은 반드시 지금 이 나라의 관리들이 꼭 읽어야 하는 필독서라는 느낌을 강하게 받았다. 물론 책을 읽는 것만으로 공무원들의 부정부패와 비리가 사라지는 것은 아닐 것이다. 하지만 이 책을 통해 국민을 이끄는 정치인들이 조금은 더 청렴해지고, 검소해지고, 부지런해지고, 지혜로워지고, 관대해질 수 있을 것이라는 생각이 들었다.

" 목민이란 비록 덕망을 갖추었다 하더라도 위엄이 없으면 하기 어렵고, 비록 하고 싶은 뜻이 있다 하더라도 밝지 못하면 하지 못한다.

목민하는 자는 먼저 나의 성품의 편벽된 곳을 찾아 바로잡아야 한다. 유약(柔弱)한 것은 강하도록 고치고, 게으른 것은 부지런하도록 고치고, 강한 데 치우친 것은 관대하도록 고치고, 원만한 데 치우친 것은 위맹(威猛)하도록 고쳐야 한다. "

위대한 스승 다산의 이 책을 대한민국의 모든 국회의원의 집무실 책상 위에 한 권씩 올려놓고 싶은 충동을 도저히 이겨낼 수 없을 것 같다. 우리나라의 국회의원들이 모두 매일 아침에 이 책을 30분씩 아니 10분씩이라도 정독하게 된다면 이 나라는 반드시 달라질 것이다.

이 책은 전체 48권 16책으로 이루어져 있다. 그리고 각 책은 열두 편으로 각 편을 여섯 개 조항씩 모두 72개 조항으로 나누어 구성되어 있다. 매우 체계

적이고 과학적인 구성이라는 생각이 든다.

미국 대학에서 교재로 사용되는 우리 고전 _ [징비록]

 "나라에 태평한 세월이 계속되면 병사들은 모두 나약해지기 마련입니다. 이러한 때에 변란이라도 일어나면 속수무책이 될 것입니다. 몇 해가 지나면 우리 병사들도 강해지겠지만 지금은 그렇지 못할 것입니다. 참으로 걱정입니다." _ 서애 류성룡.

이 책[징비록]은 미국 대학에서 교재로 사용되는 우리의 고전이다. 하지만 슬프고 부끄러운 우리의 역사이기도 하다.

 필자가 독자들에게 부탁하고 싶은 말은 대한민국의 국민이라면 이 책을 반드시 세 번 이상 정독을 하라는 것이다.

 그 이유는 분명하다.

 앞으로 우리나라가 어떤 일이 일어날지도 모르기 때문이다. 그때 비록 적은 다른 형태, 다른 모습으로, 다른 형식으로 우리 민족을 괴롭히겠지만 그러한 환란에 대처하는 우리 국민과 지도자들의 정신과 자세는 임진왜란 때의 그때와 달라야 하기 때문이다.

이 책을 세 번 이상 정독하게 되면 최소한 국민의 마음 자세가 달라질 것이라고 필자는 확신한다.

임진왜란 때 우리가 제대로 대처하지 못한 것은 준비 부족 때문만이 아니다. 더 큰 요인은 당장 눈앞에 적이 나타났을 때, 담대하지 못하고 하나같이 도망치고, 혼비백산했다는 데 있다고 필자는 생각한다.

모두가 겁쟁이가 되어 버렸기 때문에, 어떻게 대처해야 할지 이성적으로 냉정하게 판단하지 못하게 되었고, 그 결과 국력이 분산되고, 흩어지게 되어 버렸다.

준비가 부족했더라도 임진왜란이 발발했을 때, 온 국민과 관리와 병사들이 왜적을 물리치는 데 집중할 수 있었다면, 이렇게 까지 수많은 백성이 적의 창칼에, 그리고 굶주림에, 그리고 같은 나라 사람들의 칼에 허망하게 죽어가지는 않았을 것이다.

 이 책을 대한민국 국민이라면 반드시 읽어야 하는 필독서로 만들어야 한다는 것이 필자의 주장이기도 하다.

 책을 통해서라도 간접적으로라도, 아무리 부끄럽고 답답한 역사라도 체험하고, 부끄러워하고, 반성하게 된다면, 나중에 어떤 위기가 닥친다고 해도 그러한 체험을 하지 않고, 반성도 하지 않은 국민보다는 훨씬 더 잘 대처해 나갈 수 있게 되기 때문이다.

 중국에서 만든 어떤 전쟁 영화를 본 적이 있다. 아마도 그 영화에서 우리가 겪은 이런 답답함을 그대로 재현하고 있었다. 일본군이 공격해 오자. 지레 겁을 먹은 중국군은 대항을 포기하고 항복해 버린다. 수천 명의 중국군은 총 한 번 쏘지 않고 그냥 그 도시를 일본군들에게 내주었다.

수천 명이 넘는 중국군, 정확히 수만 명이 될지도 모르는 끝이 없는 중국군 포로들은 무기를 그대로 압수당한 후 몰살당하는 장면이 나온다.

 나는 이 장면에 압도당했다. 그리고 결단했다.

 이 세상에서 가장 큰 죄악은 비겁함이라고, 그래서 용기 있는 사람이 되자고, 가장 큰 비겁함은 죽음을 두려워해서 적과 싸우는 것을 포기하고 항복하거나 도망가는 것이라고 말이다.

 그래서 나는 절대 전생을 하게 되면, 절대로 항복하거나 도망가지 않을 것이라고!

 그런데 이 책을 읽어보면 우리의 선조 중 많은 이들이 거의 도망을 갔다는 것을 알 수 있다. 물론 죽음을 각오하고 용감하게 맞서 싸우신 위대한 선조들도 적지 않았다는 사실도 부인할 수 없을 것이다.

 하지만 나라의 녹을 먹는 자들이 훨씬 더 비겁했고, 나약했다는 사실은 부인할 수 없을 것이다. 지금도 이런 현상이 재현되고 있는 것 같아 가슴이 아프기도 했다.

서애 류성룡 선생이 이 책을 쓴 이유는 책 제목에 잘 나타나 있다.

서애 선생은 [시경]에 나오는 이 말인, ' 내가 지난 일의 잘못을 징계하여(懲) 뒤에 환난이 없도록 조심한다.(毖) "는 말의 뜻과 같다.

이 책을 읽게 되면 매우 놀라운 사실들을 알게 된다. 그중의 하나가 왜적이 매우 지략이 뛰어나고 간교한 자들이었다는 것과 이순신 장군이 모함에 빠져 옥에 갇히게 된 것도 역시 이들의 계략에 우리가 넘어갔기 때문이라는 사실이다.

그리고 무엇보다 가장 큰 힘이 되었던 것은 이순신 장군의 위대함이었다. 정말 귀신같았고, 지략이 뛰어났고, 누구보다 용감하고 담대했다는 것이다. 마치 우리나라를 위해서 하늘이 내려준 귀인이었다고 밖에는 말할 수 없다는 것을 다시 한번 더 확실하게 깨닫게 되었다는 점이다.

 한 마디로 임진왜란을 승리로 끝마칠 수 있었던 가장 큰 요인은 이순신 장군이 일본의 수군 10만 명을 막아 준 한산도해전의 승첩이었다.

 " 왜적들은 싸움을 시작한 이래 오직 수군에게만 패하였는데, 이를 분하게 여긴 도요토미는 고니시에게 어떻게 해서든 조선의 수군을 무찌르라고 명령을 내렸다. 정면으로 붙어서는 이길 수 없다고 판단한 고니시는 계략을 꾸몄다. 김응서에게 호감을 사면서 한편으로는 이를 이용해 이순신이 모함에 빠지도록 술수를 부렸고, 그런 후에는 원균을 바다 한가운데로 유인해 습격한 것이다. 그의 간교한 계략에 빠져 큰 피해를 입었으니 얼마나 슬픈 일인가! "
< 유성룡 지음, 김흥식 옮김, [징비록], 195쪽 >

 이 책의 중반까지는 답답함과 억울함과 부끄러움만이 존재했었다. 하지만 후반부터 이순신 장군, 의

병들의 이야기가 나오면서 천 년 동안 막혔던 가슴이 뻥 뚫리는 기분을 느낄 수 있었다.

 이 책에는 임진왜란 그 후의 이야기만 있는 것이 아니다. 그 전에 임진왜란이 발발하게 된 여러 가지 이유와 정황, 스토리도 담겨 있다. 그러면서도 임진왜란의 생생한 실상과 국내외적인 정세, 전쟁 이후의 상황에 이르기까지 종합적이며 구체적인 전개와 서술은 이 책의 저자인 서애 선생의 능력을 다시 한 번 깨닫게 해 준다.

 이 책은 매우 가치가 높은 책이다. 책으로는 드물게 국보로 지정되어 있다. 서애 선생은 작품들이 많지만, 그중에서도 이 책은 문학적으로도 가장 뛰어난 책에 속한다.

 즉, 이 책은 역사적, 문학적으로 최고의 책이라고 말할 수 있다.

 이런 책을 12년 동안의 혹독한 교육을 받으면서 성장하는 한국 학생들이 제대로 읽을 수 있는 기회가 없다는 사실은 정말 한국 교육의 맹점을 잘 드러내는 것이 아닐 수 없을 것이다.

 임진왜란은 왜적이 시작한 것이지만, 우리 백성과 군사들을 죽이고 굶주림에 죽어가게 했던 것은 무능하고 어리석었던 관리들이었다.

 우리 군사들은 왜적에 의해서도 많이 죽었지만, 우리의 무능하고 어리석었던 관리들에 의해서도 많이 죽었다. 이러한 사실이 이 책에는 가감 없이 그대로 나타나 있다.

 " 용궁 현감 우복룡은 마침 고을 군사들을 거느리고 병영을 향하고 있었다. 영천에 이르러 길가에 앉아 식사를 하고 있을 무렵, 하양의 군사 수백 명이 그 앞을 지나고 있었다. 방어사에 귀속되어 가던 군사들이었다. 말을 탄 채 지나가는 군사를 본 우복룡은 그들을 붙잡았다. 그러곤 큰 소리로 질책했다.
 ' 너희 태도를 보니 반란을 일으키려는 군사들이 틀림없구나.'

깜짝 놀란 군사들은 병사의 공문을 내보이며 변명했다. 그러나 복룡은 듣지 않았다. 그러곤 자신의 병사들을 시켜 그들 모두를 죽이도록 명했다. 결국 온 들은 시체로 가득 찼다.

이 소식을 들은 순찰사 김수는 우복룡의 행동이야말로 공을 세운 것이라고 임금께 보고했다. 급기야 우복룡은 통정대부의 자리에 오르게 되고 정희적 대신 안동 부사에 임명되었다.

이후 하양 군사의 가족들은 조정의 사신을 만나기만 하면 말을 가로막고 그들의 원통한 사정을 울음으로 호소했다. 그러나 이미 이름이 높았던 우복룡의 잘못을 지적하는 사람은 아무도 없었다. " < 유성룡, 김흥식 옮김, [징비록], 49 ~ 50쪽 >

임진왜란 중에는 이렇게 무고한 백성들이, 병사들이 어리석고 무능한 관리들의 잘못된 판단 때문에 억울하게 죽어갔던 것이다.

조선 중기의 무신 신각은 관리의 무고를 받아 결국 적과 싸우다가 장렬하게 전사한 것이 아니라 무지하고 몽매하고 악한 관리 때문에 억울한 참형을 당하게 된 대표적인 사례이다.

"신각은 김명원의 부장이었다. 그런데 한강 싸움에서 패하자 김명원을 따라가지 않고 이양원을 따라 양주로 들어갔다. 그리고 마침 그곳에 온 함경우도 병사 이혼과 함께 서울로 들어가 민가를 약탈하던 적을 격퇴시켰다. 이야말로 왜적이 우리나라에 침략한 후 처음으로 승리한 싸움이었으므로 백성들은 감격해 모두 나와 환호했다. 그럼에도 김명원은 임진강에서 올린 장계에 이렇게 썼다.

'신각이 제 멋대로 다른 곳으로 가는 등 명령에 복종하지 않았습니다.'

우의정 유흥은 글을 읽은 대로 임금께 보고했다. 결국 조정에서는 신각을 처형하기 위해 선전관을 파견하였는데, 마침 그때 신각의 승리 소식이 전해진 것이다. 조정에서는 부랴부랴 사람을 뒤쫓도록 했으나 이미 선전관의 손에 신각이 죽은 후였다."
< 유성룡, 김흥식 옮김, [징비록], 79쪽 >

임진왜란 때 우리가 엄청난 피해를 보게 된 가장 큰 이유는 적들에게 있었던 것이 아니다. 바로 우리 자신들의 위기 대처 능력 부재에 있었다. 위기가 닥쳤을 때, 임금부터 조정의 신하들과 전국의 관리들과 백성들이 한마음 한뜻으로 왜적을 막는 데 집중했더라면 수많은 병사와 백성들이 살 수도 있었을 것이다. 무엇보다 왜적을 막는 데 집중함으로써 피해와 손실을 극소화할 수 있었을 것이다.

 신각은 용맹하고 청렴한 무관이었고, 여러 가지 공도 세운 훌륭한 장군이었다. 그런데 억울하게 아무 죄도 없이 무능하고 어리석고 이기적인 관리의 무고를 받아 죽었다.

 이렇게 왜적을 막아내는 데 집중하지 않고, 다른 일에 분산이 되자 국력은 더 약해지게 되었다. 100년에 걸친 태평성대가 우리 백성들과 관리들로 하여금 전쟁을 잊게 했고, 그 어떤 대비도 하지 않게 해 버렸다. 그러다가 왜적의 침입을 받게 되니, 모두 우왕좌왕하다가 혼비백산하게 되었다.

제일 위층인 임금부터 아래층 백성까지 확고한 원칙과 신념과 기준이 없었다. 나약했고, 무지했고, 어리석었다. 부끄러운 일이 아닐 수 없었다. 그런데 이순신 장군은 나약하지 않았고, 무지하지 않았고, 어리석지 않았다.

 이순신 장군은 역시 남달랐다. 이순신 장군의 남다름과 비범함과 지혜를 엿볼 수 있었던 대목 중의 하나가 바로 이것이다.

 " 이순신이 한산도에 머무르고 있을 때 운주당이라는 집을 지었다. 그는 그곳에서 장수들과 함께 밤낮을 가리지 않고 전투를 연구하면서 지냈는데, 아무리 졸병이라 하여도 군사에 관한 내용이라면 언제든지 와서 자유롭게 말할 수 있게 했다. 그러자 모든 병사들이 군사에 정통하게 되었으며, 전투를 시작하기 전에는 장수들과 의논하여 계책을 결정하였던 까닭에 싸움에서 패하는 일이 없었다." < 유성룡, 김흥식 옮김, [징비록], 191~192쪽 >

군주라면 마키아벨리처럼 _ [군주론]

" 미천한 자가 군주의 정치를 논하거나 방향을 제시하는 것이 신분을 망각한 짓이라고 꾸짖지 마십시오. 풍경화가가 산을 관찰할 때는 평지에서 하고, 낮은 곳을 관찰할 때는 산 위에서 하듯, 민중을 알려면 군주의 입장, 군주를 알려면 민중의 입장에 서야 하기 때문입니다." < 마키아벨리, [군주론] 40쪽 >

 인류 역사상 가장 위험하고 사악한 책은 어떤 책일까? 필자는 바로 이 책 [군주론]이 그런 종류의 그것이라고 생각한다. 실제로 이 책이 출간된 그 시대에는 금서로 지정되기도 했고, 이 책의 저자인 마키아벨리는 '악인'으로 규정되기도 했다.

 하지만 이 책은 지금 정치사상의 고전 중의 고전이 되었다. [군주론]이라는 이 책을 한두 번 들어보지 않은 사람은 없을 정도로 유명한 책이 되었다.

 그럼에도 실제로 이 책은 어떻게 보면 인간의 어두

운 측면, 대중의 무지함과 약점, 군주의 사악함과 이중성 등이 적나라하게 드러나 있으므로 악한 의도를 가진 정치인들에게는 위험한 것이라고 할 수 있다.

하지만 이 책은 다양한 관점에서 충분히 해석이 가능한 책이다. 특히 정치 영역이 종교나 윤리 영역으로부터 철저하게 분리되어야 하고, 자유로워야 한다는 견해를 도출해 낼 수 있게 만들기 때문에 이 책이 고전으로 군림할 수 있는 것이다.

그래서 이 책은 집단 이기주의가 팽배해져 있는 현대 사회의 정치 현상을 잘 이해할 수 있게 해 주는 최고의 교과서가 될 수 있다. 그뿐만 아니라 대중들이 군주들의 사악한 정치에 이용당하지 않도록 군주들의 심리를 잘 이해할 수 있게 해 주는 최고의 책이라고 할 수 있다.

그런 점에서 필독서라고 할 수 있다.

이 세상은 선한 사람들이 더욱더 현명해지고, 악한

사람들이 더욱더 선해져야 한다. 그래서 이 책은 정치인들의 필독서가 아니라 오히려 대중들의 필독서가 되어야 하는 것이다.

 이 책을 통해 마키아벨리가 주장하는 군주는 어떻게 권력을 획득하고, 유지하고, 확대하느냐는 현실적 과제를 달성하기 위한 군주의 마음가짐과 행동 지침은 어떤 것인지 살펴보자.

 먼저 그는 군주는 야수인 여우와 사자를 모범으로 삼아야 한다고 주장한다.

 " 군주는 여우와 사자를 모범으로 삼아야 한다. 함정을 알아차리기 위해서는 여우가 될 필요가 있으며, 늑대를 물리치려면 사자가 될 필요가 있다. 여우를 가장 잘 모방하는 자들이 가장 커다란 성공을 거두었다. 하지만 여우다운 기질을 들키지는 않아야 한다. 군주는 능숙한 사기꾼이자 위선자여야 한다. 인간은 너무나 순진하여 순간적인 요구에 너무나 쉽게 움직인다. 그래서 능숙한 위선자는 쉽게 속는 수많은 사람들을 언제나 발견하게 된다." <

[군주론] 제18장 >

 사자만을 모범으로 삼게 되면, 사자는 함정에 쉽게 빠지게 된다. 그리고 여우만을 모범으로 삼게 되면, 늑대를 물리칠 수 없기 때문이다. 그래서 사자와 여우를 모두 모범으로 삼아야 하는 것이다.

 마키아벨리는 이 책을 통해 노골적으로 군주는 권력을 지키기 위해서는 그릇된 행동도 해야 할 필요가 있고, 필요시에 해야 한다고 주장한다.

 " 자비롭고 신뢰할 수 있으며 인정 많고 정직하고 경건한 것처럼 보이는 것은 유용하다. 하지만 필요할 경우 이것과는 정반대로 행동할 준비를 해야 하며, 그렇게 행동할 수 있어야 한다. 그리고 군주, 특히 신생 군주는 항상 옳다고 생각되는 방식대로 행동할 수 없다는 사실을 알아야 한다. 군주는 자신의 권력을 유지하기 위해서라면 대개 신뢰를 저버리고, 무자비하고 몰인정하게 행동하며 종교의 가르침을 무시할 수밖에 없다. " < [군주론], 제18장. >

이 책의 저자는 인간의 속성에 대해 매우 극단적인 결론을 내렸다. 인간은 대개 은혜를 모르고, 변덕이 심하고, 거짓말쟁이이자 사기꾼이고, 위험을 두려워하고, 물욕이 넘친다고 규정하여, 그 규정을 토대로 군주의 행동 지침을 설명했다.

하지만 그의 주장이 신빙성을 얻는 이유, 특히 정치인들에게 효과가 있는 이유는 인간은 때로는 선인이 될 수도 있고, 악인이 될 수도 있는 존재이기 때문이다. 그런데 최악의 상황에서는 인간은 선인보다는 자신의 이익과 생존을 선택하게 되고, 그것이 어느 정도 타인보다는 자신을 먼저 생각하게 되는 경향이 크기 때문일 것이다.

" 인간은 두려워하는 자보다 사랑을 느끼는 자를 쉽게 배반한다. 인간은 원래 사악하여서 이해가 얽힌 기회 앞에서는 의리라는 끈에 매인 정 따위는 서슴지 않고 끊어버린다. 그러나 두려워하는 자에게는 처형의 공포로 얽매여 있어서 배반하기 어렵다.
여하튼 군주는 사랑받지는 못하더라도 일정하게 두려움을 주는 존재는 되어야 한다. 두려움을 주는

것이 곧바로 원한을 사는 것도 아니다." < [군주론], 제17장 >

 마키아벨리는 군주는 사랑받는 것보다는 두려움을 사는 존재가 되어야 한다고 역설한다. 매우 독특한 견해이다. 하지만 매우 설득력이 있어 보인다. 심지어 그렇기까지 하다. 그리고 그는 여기에 추가로 군주는 반드시 경멸과 증오를 피해서, 원한을 사지 않아야 한다고 말한다.

 그 이유는 군주가 백성의 미움을 사게 되면, 반란이 쉽게 일어날 수 있기 때문이다. 모반자들이 노리는 것은 자신들이 군주를 죽이게 되면, 미움과 경멸을 받던 군주를 죽인 자신들을 백성들이 좋아하게 되기 때문이다.

 반대로 군주의 죽음이 백성의 노여움을 산다면 모반자들은 반란의 계획을 세울 수가 없게 될 것이다. 그래서 로마 황제들의 파멸은 모두 미움이나 경멸을 받은 데서 기인했다고 그는 말한다.

군주의 자질 중에 하나로 그가 주장하는 것은 인재를 선택하는 일이다. 특히 측근을 선택하는 일인데, 군주가 대하는 태도에 따라 그들은 인재가 되기도 하고, 쓸모없는 인간이 되기도 하므로, 측근을 보면 군주의 품성을 어느 정도 알 수가 있다고 한다.

측근들이 유능하고 성실하면 군주도 현명하다고 생각해도 되지만, 반대로 측근이 무능할 때는 군주를 좋게 평하기 어렵다. 이미 사람을 선발하는 데 과오를 범했기 때문이다.

군주가 사람을 선발하는 데 과오를 범하게 되면 이어서 따라오는 과오는 아첨꾼들이 생긴다는 것이다. 제대로 사람을 고르지 못하고 사려 깊지 않은 군주일수록 아첨꾼 때문에 정치를 제대로 할 수 없을 뿐만 아니라 측근의 경멸을 부를 위험성도 있다고 그는 경고한다.

군주가 특히 조심해야 할 것 중에 하나로 이 책이 밝힌 사항은 남의 재산을 억지로 빼앗는 것이다. 그 이유가 놀랍다.

"또한 군주는 특히 남의 재산을 억지로 빼앗아서는 안 된다. 인간이란 어버이의 죽음은 잊어도 재산의 손실은 어지간해서 잊지 못한다. 백성의 재산을 빼앗을 기회는 자주 있고, 구실이나 방법도 얼마든지 마련할 수 있지만 피를 흘리는 일의 구실은 그리 쉽게 마련할 수 없다." < [군주론], 17장 >

군주라고 해도 남의 재산을 억지로 빼앗는 것은 잘못이기 때문에 그렇게 하지 말라는 것이 아니라 군주가 백성의 원한을 사는 것이기 때문에 억지로 빼앗지 말고, 나중에 구실을 마련하여 빼앗든지 하라고 말한다.

충격적이다. 그런데 이것보다 더 충격적인 주장도 있다. 군주가 군대를 이끌 때는 불필요한 온정을 베풀어서는 안 되고, 잔인하다는 악평을 받을 필요가 있다고 말하는 주장이다.

"군주가 군대를 이끌고 많은 병사를 지휘할 때는 잔인하다는 악평 따위는 꺼릴 필요가 없다. 이런 평판 없이는 군대를 결속시켜 군사행동을 취하기 어렵기 때문이다. 한니발은 수많은 인종으로 조직된 방대한 군대를 이끌고 이국땅에서 전쟁을 일으켰지만, 전세가 유리하든 불리하든 그의 군단에서는 병사끼리의 내분이나 지휘관에 대한 모반이 없었다. 이것은 한니발의 비인간적인 잔인성 덕분이었다. 부하들의 눈에는 다른 덕성과 아울러 극도로 잔인한 이 지휘관이 늘 숭고하고 두려운 존재로 비쳤다. 반면 스키피오는 실로 걸출한 인물이었지만, 그의 부하들은 스페인에서 반란을 일으켰다. 그가 군사훈련을 하며 불필요한 온정을 병사들에게 베풀었기 때문이다."　　< [군주론] 제17장 >

이와 더불어 그는 군주는 관대함이 지나치면 엄청난 화를 부를 수도 있다고 경고한다. 오히려 인색하다는 평판을 받아야 하고, 그런 평판에 신경 쓰지 말아야 한다고 주장한다. 관대함을 가진 군주는 모든 재정을 자선에 탕진하게 되고, 그런 평가를 유지하기 위해 민중에게 과도한 세금을 부과하고, 모든 방법을 동원해 돈을 쥐어짜야 하게 된다.

그 결과 원성을 사게 된다. 결국 군주가 가난하게

되면 아무도 그를 존경하지 않게 된다. 반대로 군주가 절약으로 재정이 풍부해지면, 적으로부터 자신을 지킬 수 있게 되며, 민중에게 부담을 주지 않으면서도 전쟁을 할 수 있게 되어, 결국 관대하다는 평을 얻게 된다.

군주는 특히 자신을 지키기 위해서는 무엇보다 민중의 미움을 받지 않아야 한다. 군주는 항상 민중을 자기편에 묶어 두어야 한다. 그렇지 못하면 역경이 밀어닥쳤을 때 구제 수단이 더 이상 없기 때문이다.

아무리 군주가 현명하고 철저하다고 해도 오늘은 융성했다가 내일은 멸망하는 일이 흔하다고 그는 말한다. 그것은 운명은 가변적이고 수시로 변하기 때문이다. 그럼에도 인간의 선택과 행동은 같은 생활 태도를 고집하는 경향이 있으므로 운명의 방향과 사람의 생활 태도가 부합하지 않은 경우가 많기 때문이다.

그래서 그가 내놓은 처방전은 '시세에 맞추어 자신을 변화시키는 것'이다. 그리고 그렇게 하기 위해 필요한 기질은 '과감하게 행동'하는 것이다. 그래서 그는 과감한 것을 선호한다고 밝혔다.

" 결론적으로 운명은 가변적이다. 운명은 수시로 변한다. 반면 인간은 같은 생활 태도를 고집한다. 운명의 방향과 사람의 생활 태도가 들어맞으면 행복해지지만, 이 조화가 깨지면 불행이 쏟아진다.
 나는 신중하기보다 과감한 것이 좋다고 생각한다. 운명의 신은 여신이다. 그러기 때문에 그녀를 정복하려면 난폭하게 다루어야 한다. 운명은 유순한 사람보다 난폭한 사람에게 더 고분고분한 듯하다. 운명의 여신은 또 젊은이들을 사랑한다. 젊은이들은 덜 신중하고, 더 거칠고, 그리고 과감하다. " <[군주론], 25장>

이 책의 저자가 주장한 핵심은 사고의 전환이었다. 정치는 현실 세계에서 존재하는 실제적인 현상을 다루어야 한다는 새로운 사고였으며, 기존의 종교와 윤리에서 벗어나야 한다는 자유의 사상이었다.

마키아벨리는 인간의 특성 중의 하나가 인간을 행

동과 같은 겉모습만 보고 쉽게 판단해 버리는 것으로 생각했다. 그래서 군주가 가져야 할 덕목 중에 하나가 외양상 자비롭고 신실하고 인간적으로 보일 수 있는 능력이라고 그는 생각했다.

" 사람들은 겉으로 드러난 모습을 판단하는 법이다. 눈으로 보기는 쉽지만 손으로 만지기는 어렵기 때문에 실제로 군주를 아는 사람은 극소수이다. 게다가 이 소수의 사람들도 군주의 권력이 뒷받침하는 다수의 의견에 반대하지 못한다.

군주는 어쨌든 전쟁에 이기고 나라를 유지하는 게 제일이다. 그러면 누구에게나 수단은 훌륭했다고 칭찬받는다. 대중은 언제나 외관과 결과만으로 평가하게 마련이고, 세상은 이들로 가득 차 있다. 소수는 다수가 어떻게 판단할지 모를 때만 설득력을 갖는다." < [군주론] 제18장 >

더 중요한 점은 군주는 자신의 모든 행동이 위대하고 용감하고 신중하고 강직하게 보이도록 힘써야 한다는 것이다. 그렇게 해야 누구도 군주를 농락하거나 속일 수 없다는 인상을 깊게 받게 되고, 따라서 존경을 받게 되고, 반란도 일어나기 힘들고, 외부의 침략도 크게 줄어들기 때문이다.

또한 인간은 언제나 배반할 수 있는 존재라고 생각했기 때문에 군주는 인정도 때에 따라서는 저버릴 줄 알아야 하고, 자비심과 인간미도 버릴 줄 알아야 한다고 그는 말한다. 한 마디로 군주는 운명의 변화, 사태의 변천에 따라 자유자재로 행동할 줄 알아야 한다는 것이다.

그뿐만 아니라 군주는 인간의 특성, 특히 민중의 특성에 대해서도 잘 알고 있어야 하는 듯하다. 이 책 저자의 주장은 모두 민중의 특성에 대한 분석을 토대로 하고 있다.

그가 생각한 민중의 특성 중에 인상적인 요소는 사람은 사소한 모욕에 대해서는 보복하려고 하지만, 너무나 엄청난 모욕에 대해서는 감히 보복할 엄두를 내지 못한다는 것이다. 그래서 군주는 민중의 머리를 쓰다듬거나 아니면 아예 없애 버려야 한다는 것이다.

아홉 편의 단편소설집 _ 박지원의 [방경각외전]

우리 한국인들이 잘 읽지 않는 우리 선조들의 이야기가 노골적으로 담겨있는 우리의 단편소설집이 있다. 바로 박지원이 20대 전후로 해서 지은 아홉 편의 단편 소설이다.

 명문대가 출신의 연암은 출세의 길인 과거를 포기하고, 양반 계층을 비난하는 그 당시에 이단아와 같은 글들을 쓰기 시작했다. 그의 작가 정신이 가장 뛰어나게 표출된 초기 작품들이 바로 이 책이다.

 그런데 이 책의 제목부터가 심상치 않다. 정말 해괴망측하고 이상하다. 책 제목이 [방경각외전]이다. 물론 이 책은 [연암집]에 실려 있는 단편소설집이다. 그리고 이 중에서도 몇 편은 소실되어 제목만 전해진다.

 하지만 우리는 이 소설들을 접해야 한다. 우리 선조들의 사회의 가장 큰 특징인 양반사회에 대한 풍자와 중인 이하의 서민들, 하층민들에 대한 진솔한 이야기가 담겨 있기 때문이다.

그가 썼다고 알려지는 아홉 편의 단편소설은 이것이다.

[양반전], [마장전], [예덕선생전], [민옹전], [김신선전], [광문자전], [우상전], [역학대도전], [봉산학자전]이 그것들이다.

하지만 앞에서도 언급했듯이 <역학대도전>, <봉산학자전>은 제목만 전해지고 있다. 그리고 이 소설은 조선 후기 소설사에서 가장 뛰어난 작품으로 평가받고 있다는 점에서 한국인들이 꼭 읽어봐야 할 작품이기도 하다.

박지원의 아들은 이 책에 대해서 다음과 같은 말을 하기도 했다.

" 이 9개의 전은 아버지가 젊어서 문장을 공부하기 위해 지은 것으로서 아버지(박지원)는 남의 입에 오르는 것을 부끄럽게 여겼다."

 이 작품들에 등장하는 주인공들은 전부 중인 이하 즉 하층 민중들이다. 거지, 일꾼, 떠돌이, 시정배 등이다.

 이 소설들은 모두 하나같이 양반의 윤리적 타락상과 위선을 비판하고 통렬하게 풍자하고 있다. 이러한 풍자와 비판을 통해 우리들은 박지원의 세계관과 인생관을 통찰할 수 있고, 이렇게 뛰어난 작가의 작품과 솜씨를 통해 양반 사회를 누구보다 잘 통찰하고 살펴볼 수 있게 되는 것이다.

 소설의 위대함과 필요성은 이런 측면에서도 두말할 나위 없다고 할 수 있겠다.

 아홉 편의 소설 중의 하나인 <마장전>은 명리만 쫓는 당시 양반들의 친구 사귐을 말 거간꾼으로 일하는 친구 세 사람의 이야기를 통해 비난하는 내용을 담고 있다. 군자로만 생각했던 훌륭한 양반들이 벗을 사귀는 데 있어서는 오히려 말 거간꾼만도 못할 정도로 가식적이고 더할 나위 없이 부패하다는 것을 풍자한 소설이다.

 아홉 편의 소설 중에는 그나마 우리에게 잘 알려진 소설 < 양반전> 도 포함되어 있다.

 가난한 시골 양반이 빚을 지고 갚지 못하게 되자, 자기 양반 신분을 팔려고 하는 것이 <양반전>의 이야기의 시작이다. 하지만 양반 매매 증서에는 양반이 지켜야 할 허례허식이 헛된 명분에 사로잡혀 있고, 시대에 뒤떨어진 우스꽝스러운 이야기에 불과하다는 것을 알고 양반이라는 신분에 진저리를 치게 된다.

 헛된 명분 의식과 부당한 특권의식에 사로잡힌 양반 계층을 이 소설처럼 총체적으로 풍자한 책이 또 어디 있을까?

 <예덕선생전>은 허식으로 가득 찬 한국 사회에 경종을 우리는 소설 중의 소설이라고 생각한다.

개인적으로 말이다. 이 책에는 양반인 선귤자와 똥을 치는 천인역부 엄행수라는 사람이 나온다. 선귤자는 양반이자 유명한 학자이다. 그런데 이런 사람이 똥을 퍼내며 살고 있는 선귤자와 친구를 맺는다.

정말 기가 막힌 상황이다. 그런데 선귤자의 제자들이 스승에게 왜 천한 사람과 친구를 맺으며 가깝게 지내느냐고 항의 아닌 항의를 한다.

이에 대해 선귤자는 다음과 같이 자기 생각을 명확하게 이야기한다.

" 엄 행수는 똥을 쳐서 밥을 먹고 있으니 지극히 불결하다 하겠으나, 그가 밥벌이하는 일의 내용을 따져보자면 지극히 향기로운 것이다. 그리고 그의 몸가짐은 더럽기 짝이 없지만 의로움을 지키는 자세는 가장 꿋꿋하다. 그러한 뜻을 확대해 나간다면 비록 만종의 녹봉을 받게 되더라도 지조를 바꾸지 않을 것이다. 이 점에서 보면 깨끗한 가운데 불결한 것이 있고 더러운 가운데 청결한 것이 있는 것이다."

스승은 오히려 천한 사람을 치켜세우는 것이다. 그래서 스승은 '더러움 속에 덕이 있다.'라는 '예덕 선생'이라는 칭호를 얻게 된다. 이 소설은 [논어]의 일부 양식인 문답 형식으로 써진 작품이라는 점에서 매우 인상 깊은 작품이기도 하다.

연암 박지원이 이 소설들을 통해 양반 사회가 대세가 되었던 그 당시 사람들, 특히 양반들에게 외치고 싶었던 것은 무엇이었을까?

아마도 이것이 아닐까?

'한 푼 어치도 안 되는, 이 한심한 양반들아.'

<김신선전>을 읽어 보면 더 가관이다.

박지원이 병을 얻었을 때, 신선이라고 알려진 김홍기란 사람을 한 번 만나고자 하였지만, 끝내 만나지 못한다는 이야기로, 신선 사상의 허무맹랑함을 폭로했다. 여기에 나오는 신선이라고 하는 자는 하루에 수백 리를 걸을 수 있고, 키는 7척을 넘었으며,

밥을 먹지 않고, 술은 한 잔에도 취하지만 한 말을 마셔도 더 취하지 않고, 나이가 백여 살이라고 하는 사람도 있을 정도로 신비로운 사람으로 묘사되고 있다.

아홉 편의 소설 중에는 실존 인물을 바탕으로 그가 남긴 일화를 통해 당시 시대에 대한 비판과 풍자를 한 작품도 있다. <민옹전>이 바로 그런 작품이다.

<민옹전>에 나오는 민유신이라는 사람은 실존 인물이었다고 한다. 하지만 그는 능력에 비해 불우하게 인생을 마쳤다. 이런 인물을 통해 연암은 당시의 세태를 풍자하고자 했다. 그는 하는 일 없이 밥만 축내는 '밥벌레'라고 선비를 규정하고 비판했다.

아홉 편의 소설 중에 전해오는 것 중에서도 가장 인상적인 소설은 단연 < 우상전>이다.

이 책은 박지원이 살아있었을 때 당시에 엄청난 문장력을 가진 우상 이상조라는 역관에 관한 이야기를 담고 있다.

 그가 죽자, 그가 남긴 시를 모아 엮어서 양반들이 도달하지 못하는 수준 높은 문장이 있음을 양반들에게 일깨워주고자 했던 것이라고 필자는 생각한다.

 <방경각외전> 자서에 보면 박지원이 얼마나 우상의 문장을 높게 평가했는지 알 수 있는 대목이 나온다.

 " 아름답다 우상이여, 고문을 배워 문장을 이루었다. 예가 없어지면 야인에게서 구하는 법, 향수는 짧았으나 남긴 것은 길도다."

 이 책을 통해 박지원이 말하고자 했던 것은 붓으로 세상을 놀라게 할 만한 재주를 가진 우상이 제대로 평가받고 뜻을 펴지 못하는 안타까운 사회적 부조리의 고발이다. 즉 박지원의 인본주의 정신을 느낄 수 있는 책이기도 하다.

양반이 아니라 서출 신분이기에 제대로 평가받지 못하는 양반사회의 부조리에 대한 비판이 이 책에 담겨 있다고 볼 수 있다.

연암의 <방경각외전>에 나오는 주인공들은 모두 양반 신분이 아니라 중인 이하의 사람들이다. 이런 사람들을 통해 양반 계층을 조롱하고 풍자하려는 것이 그의 글이 가지고 있는 시대정신이다.

동양 고전의 뿌리 _ 공자를 [논어]에서 만나다.

' [논어]를 다 읽고도 아무 일이 없는 자도 있고, 다 읽은 뒤에 그 가운데 한두 구절을 얻어서 기뻐하는 자도 있고, 다 읽은 뒤에 <논어>를 알고 좋아하는 자도 있고, 다 읽은 뒤에 자신도 모르게 손과 발이 덩실덩실 춤추게 되는 자도 있다.' _ _ 송나라 유학자, 정이.

[논어]와 같은 책은 평생 책상 위에 올려놓고 매일 한 문장씩 읽어야 하는 그런 인생의 필독서일 것이다. 특히 이 책을 통해 우리는 인간을 알 수 있고, 자신을 되돌아볼 수 있고, 세상의 큰 가르침을 얻을 수 있다.

그래서 고전을 소개할 때 절대로 이 책을 빼놓지 않는 것이 필자의 습관이 되어 버린 것이다.

이 책은 과연 어떤 책이며, 다른 고전과 어떤 점에서 차별성이 있는 것일까?

이 책은 동양의 고전으로 대표되는 '사서(四書)' 중에서도 가장 많이 번역되고 읽히는 책이다. 그 이유는 무엇일까? 이 책은 다른 책들이 가지고 있지 않은, 가지고 있다고 해도 부족한 인간 본질에 대한 통찰, 인류에 대한 이해와 포용, 올바른 삶에 대한 가르침 등이 담겨 있는 책이기 때문이다.

[논어 論語]는 한 마디로 공자의 '논하고(論) 말한 말씀(語)'이며, 공자와 제자들의 대화록이다. 그래서 그 어떤 형식이나 얼개가 없는 자유로운 형식의 책이다. 그렇게 형식을 타파한 책이면서도 그 어떤 형식의 책보다 더 파급력은 강하다.

 현실과 동떨어져 있는 이상적인 내용이 많지만 놀랍게도 현대를 살아가는 현대인들에게 삶의 지침서가 되기에도 모자람이 없는 기이한 책이 아닐 수 없다.

 ' 배우고 때때로 익히면 또한 기쁘지 아니한가?'

이 책의 시작은 공부에 관한 이야기이다. 이 책의 주인공이라고 할 수 있는 공자를 위대한 성인의 반열에 오르게 한 것이 바로 이것이었다고 말할 수 있어서 그 의미는 대단히 중요하다고 할 수 있을 것이다.

공부의 기쁨을 아는 사람은 이 세상에서 가장 기쁜 것이 공부라고 말한다. 필자도 그렇다고 할 수 있다. 다른 것들은 몇 개월만 하면 싫증이 나지만, 공부는 절대 싫증이 나지 않는다. 오히려 하면 할수록, 그래서 공부의 기쁨을 맛본 사람일수록 더욱더 공부에 빠져들게 된다.

그런 사실을 공자는 누구보다 잘 알고 있었고, 그 말을 한 문장으로 멋지게 표현했다. 제자들의 눈에도 가장 중요한 것이 배우고 익히는 공부라는 사실이 쉽고 분명하게 들어왔다.

고전은 한 번 읽었다고 해서, 혹은 한 번 배웠다고 해서 결코 정확하게 그 의미를 깨우칠 수 있는 것이 절대 아니다. 그래서 배움과 함께 지속적인 익힘이 필요한 것이다. 그리고 절대 기쁨은 어떻게 보면 배움의 지속적인 과정인 익힘에 의해 결정된다고 말할 수 있다.

 필자는 개인적으로 이 책을 통해 사람과 세상에 대한 통찰력을 얻게 된 점을 가장 큰 유익이라고 생각한다. 필자에게 가장 큰 깨우침을 준 말들을 보면 이런 말들이다.

 ' 남이 알아주지 않아도 성내지 않는다면 그 또한 군자가 아닌가?'

 공자는 타인에게 인정받지 못 해도, 오해를 받아도 원망하거나 탓하지 않으면 그게 바로 군자라고 말한다. 이런 경지에 오른 사람이 되기 위해 우리는 이 책을 읽는 것이 아닐까?

 ' 교묘하게 말을 잘하고, 얼굴빛을 남 보기 좋게 꾸미는 사람 중에는 어진 이가 드물다.'

 세상을 잘 살아가기 위해서는 반드시 사람을 잘 만

나야 한다. 사기꾼도 있고, 악한 이들도 있고, 사람을 현혹해서 나쁘고 어리석은 길로 빠져들게 하는 사람들도 거리에 넘친다. 심지어 당신이 가진 중요한 재물과 시간을 빼앗아 가려고 하는 이들도 적지 않다.

 그래서 사람에 대한 통찰력이 무엇보다 중요하다. 특히 사업을 하거나 어떤 일을 추진하려고 해도 사람을 잘 선별할 수 있어야 하고, 잘 파악할 수 있어야 한다.

 그런데 공자는 사람에 대한 통찰력에 매우 중요하면서도 핵심적인 본질을 한 마디로 일깨워 준다.

 '교언영색 선의인'이란 말이다. 누군가 당신을 너무 기쁘게 하려고 말을 교묘하게 구사하고 사탕발림하거나 옷차림 같은 겉모습에 너무 집착하는 사람이 있다면 가까이 하지 말아야 한다. 그런 사람은 절대로 어진 사람이 아니기 때문이다.

 공자는 말한다. '어진 사람은 고요하다'라고 말

이다. 그리고 '어진 사람은 평탄하게 넓고, 걱정하지 않지만, 소인의 마음은 늘 근심에 차 있다'라고 그는 말한다.

 영원불멸한 인생의 진리가 바로 이런 것들이 아닌가?

 ' 군자는 덕을 생각하지만, 소인은 편한 거처를 생각하며, 군자는 법을 생각하지만, 소인은 은혜 입는 것을 생각한다.'

 그는 말한다. 군자는 태연하되 교만하지 않지만, 소인은 교만하되 태연하지 않다고 말이다. 현대인들은 갈수록 정신이 나약해지고 있는 것이 사실이다. 과거에는 호연지기를 통해 강인한 정신을 기르기도 했다. 하지만 현대는 그렇게 산과 들에 나가 강인한 정신과 체력을 기를 기회가 좀처럼 없다.

 그래서 많은 부모들이 자녀들을 조금 더 강하게 키우기 위해, 해병대 캠프와 같은 곳에 보내기도 한다. 하지만 그러한 것들보다 더 중요한 것은 사람이 교만하지 않고, 어떤 경우에든 경거망동하지 않고 평상심을 유지할 수 있는 삶의 자세일 것이다.

공자는 바로 군자는 그런 사람이라고 말하고 있는 것이다. 어떤 경우에도 평상심을 유지할 수 있고, 태연할 수 있는 사람, 그리고 어떤 성공을 하더라도 교만하지 않을 수 있는 그런 마음을 가져야만 비로소 군자라고 할 수 있다는 것이다.

또한 군자는 타인의 좋은 점을 이루도록 돕고, 나쁜 점은 이루지 않도록 하지만, 소인은 이와 반대로 한다고 말한다.

'벼슬이 없다고 근심하지 말고 그 자리에 설 만한 능력 갖추는 데 근심하라. 자신을 알아주지 않는다고 근심하지 말고 남이 알아줄 만한 능력을 갖추어야 한다.'

인간에게는 남에게 인정받고자 하는 욕망이 있다. 애나 어른이나 식자나 무식한 사람이나 할 것 없이 모든 사람은 타인에게 인정받을 때 큰 기쁨을 느낀다. 심지어 타인에게 인정받는 것에 목숨을 거는 사람들도 있다.

하지만 공자는 이러한 것을 경계해야 한다고 자주 말을 한 것을 알 수 있다. 남에게 인정받지 못 해도 성내지 않을 수 있는 것, 남에게 인정받지 못한 것에 대해 걱정하지 않을 수 있는 것을 중요시했다.

타인의 평가를 너무 중요하게 여기지 말고, 내면의 즐거움과 만족을 중요하게 여긴 인물이 바로 공자였다.

이런 사실은 그의 이 말에 함축적으로 담겨 있다.

" 아는 사람은 좋아하는 사람을 이길 수 없고, 좋아하는 사람은 즐기는 사람을 이길 수 없다."

즉, 한 마디로 즐기는 것이 최고의 경지이며, 최고의 방법이며, 최고의 수준이라는 것이다.

즐기는 것이 무엇인가를 아는 것, 좋아하는 것의 최고 경지라면, 삶의 최고 경지는 무엇일까?

공자가 말한 삶의 최고 경지는 '곧음'이다.

" 사람의 삶은 곧아야 한다. 곧지 않으면서 살아있음은 요행으로써 죽음을 면한 것뿐이다."
— 옹야편 —

공자는 또한 가장 훌륭한 정치는 덕치라고 말한다.

" 덕(德)으로써 하는 정치는 마치 북극성이 제자리에 있고 많은 별들이 이를 향하는 것과 같다."

공자는 또한 <시경> 삼백 편을 읽은 후 한마디로 요약했다.

" 생각에 사악함이 없다."라고 말이다. 우리가 공자에게서 배워야 하는 것은 잘난 척하기 위한 지식 습득 타입의 공부와 독서를 멀리하고, 스스로 마음을 수양하기 위한, 그리고 자신의 기쁨과 즐거움을 위한 공부와 독서를 하는 공부와 독서의 자세일 것이다.

공자의 위대함은 바로 여기에 있다.

공자의 위대함은 세상의 성공이나 업적이 아니었다. 그는 19세에 창고를 관리하고, 나라의 가축을 기르는 등의 말단 관리로 근무했고, 오십이 거의 다 되어서 장관으로 발탁이 된 인물이다.

이어서 노나라의 최고위직에 오르기도 했다. 하지만 다른 정치인들의 견제와 정치적인 이상이 현실에 맞지 않아, 자신의 이상을 펼 수 있는 다른 나라를 찾기 위해 중국 전역을 떠돌아다니는 신세가 되었다.

14년간의 고행은 그를 '집 잃은 개'가 되게 했지만, 그의 고결한 이상과 소명 의식은 그의 명성을 널리 퍼져 나가게 했고, 그가 평생 붙잡고 놓지 않았던 공부와 교육은 그를 위대한 인물로 도약시켜 주었다.

동양의 큰 스승으로 그가 여겨지는 것이 바로 이 때문이다. 사회를 개선하기 위해 일평생 배우고 가르치는 일에 전념한 최고의 사람이었기 때문이다.

이 책의 동양 고전의 뿌리가 되고, 동양 고전 중의 고전인 이유는 이 책을 통해 우리는 수 천 년을 뛰어넘어 위대한 스승을 직접 만날 수 있기 때문이다.

공자가 말한 군자는 또한 두루 넓으면서 편협하지 않은 사람이다. 반대로 소인은 편협하기만 하고 넓지 못한 사람이다. 그리고 이렇게 소인처럼 되지 않기 위해서는 배우기만 해서는 안 된다.

배운 만큼 생각을 하고, 사색해야 한다. 그래야 읽기만 하는 바보가 되지 않는 것이다. 공자는 이런 사실에 대해 이렇게 말했다.

" 책으로 배우기만 하고 골똘히 생각하지 않으면 얻는 것이 없다. 골똘히 생각만 하고 책으로 배우지 않으면 위태롭다."

" 학이불사즉망(學而不思則罔)하고, 사이불학즉태(思而不學則殆)니라"

공부한다면 반드시 사고력을 향상시켜야 한다는 말이다. 결국 공부를 통해 얻은 지식은 구슬과 같다. 구슬이 서 말이라도 꿰어야 보배가 되듯, 지식과 정보가 아무리 많아도 그것을 남다른 사고력을 통해 잘 엮고 통합할 수 있어야 창조적인 인재가 될 수 있는 것이기 때문이다.

군자는 말하기를 조심하고, 행동은 빠르게 하는 경향이 있다. 하지만 현대인들은 말은 빠르게 하고, 행동은 매우 굼뜨게 한다.

군자는 또한 일의 잘못을 자기 자신한테서 그 원인을 찾지만, 소인은 다른 사람한테서 찾는다.

현대를 살아가는 사람이라면 공자가 제시하는 군자의 삶을 추구하고자 노력해야 할 것이다. 그런 사람이 올바른 삶을 살아낼 수 있기 때문이다.

공자는 또한 현대인들에게 가장 필요한 삶의 방식에 대한 지침이 될 만한 말도 남겼다. 그것이 바로 [논어] '위정편'에 있는 이 말이다.

"군자불기(君子不器)"

즉, 군자는 한 가지 용도로만 쓰이는 정해진 그릇이 아니라는 말이다. 이 말의 의미를 보면 한 마디로 하나의 직업에만 평생 종사해야 하는 그런 삶에서 벗어나 다양한 분야에서 다양한 일을 해 낼 수 있는 그런 삶을 추구하는 것이 더 나은 삶을 살아가는 사람이라고 할 수 있다.

현대는 전문가보다는 창조적 인재를 원한다. 창조적 인재가 되기 위해서는 자신의 전문 분야만 잘 알고 있어서는 안 된다. 다양한 분야를 넘나들면서 통합할 수 있는 그런 인재가 되어야 한다.

공자는 이미 군자라면 하나의 틀 속에, 하나의 직업 속에, 하나의 분야 속에 자신을 한정시키지 않아야 한다는 것을 알고 있었다. 그래서 현대에는 한 분야만 정통한 전문가보다는 T자형 인재가 더 대접받는다. 그런데 이런 T자형 인재는 저절로 만들어지지 않는다.

 스펙을 쌓고 좋은 학벌을 가진다고 해서 만들어지는 것도 아니다. 이런 T자형 인재는 반드시 다양한 경험을 쌓고, 다양한 분야를 폭넓게 독서를 해야만 만들어질 수 있다. 위대한 위인 중에 독서광들이 많을 수밖에 없는 이유가 바로 이것이라고 할 수 있다.

 독서가 아니면 다양한 분야를 모두 경험하거나 배우거나 익힐 수가 없다. 인간에게 주어진 수명은 유한하기 때문이다. 그런 점에서 오직 독서뿐이다.

 공자는 인재에 대한 조언뿐만 아니라 마음 수양에 대한 조언도 해 주었다. [논어]의 '이인편'을 보면 이런 말이 나온다.

 " 현명한 이를 보면 가지런함을 생각하고, 현명하지 않은 이를 보면 안으로 자신을 살펴라."

위대한 성인들을 볼 때, 우리는 우리의 탐욕과 세상살이에 찌든 마음을 다시 한번 가지런하게 정리를 하게 된다. 하지만 신문이나 뉴스를 통해 악한 범죄자들을 볼 때, 욕부터 하기 바쁘다. 공자는 이렇게 하지 말라고 말하고 있다.

 뉴스나 신문에 난 자들을 보면, 우선 자신을 돌아보고, 더욱더 자신의 마음을 수양해야 한다고 말한다. 이 말은 '위령공편'에 있는 '군자는 자신에게 구하고, 소인은 남에게 구한다.'라는 의미와 일맥상통한다.

 타인의 잘못이나 실수에 대해서도 결국은 자신의 약점과 잘못을 살피고 인정하는 사람이 군자라는 것이다. 소인일수록 자신의 약점과 잘못을 살피지 않고, 인정하지 않고 다른 사람에게 그 탓을 떠넘긴다.

세상을 초월한 노자와 그의 책[도덕경]을 읽다.

" 학문을 구하면 매일매일 불어나고 도를 구하면 매일매일 줄어든다. 줄이고 줄어 결국에는 무위의 경지에 이르게 된다."   _ [노자], 제48장.

 필자는 그 어떤 책을 읽더라도 노자의 [도덕경]을 읽을 때만큼 마음이 자유로워지고 편안해 지는 책은 없다는 것을 깨달았다. 그 이유는 이 책 속에 들어있는 노자의 사상 때문일 것이다.

  이 책은 한 마디로 끊임없이 채우기에 급급한 현대인들에게 마음을 비우고, 삶을 비우라는 지혜를 가르쳐 주는 삶의 지혜서이다.

 현대인들은 너무 바쁘다. 그래서 정신없이 하루하루를 살아간다. 하지만 그렇게 바쁜 이유를 따져 보면 결국 한두 가지 큰 이유를 들 수 있다. 바로 성공하기 위해, 돈을 많이 벌어서 부자가 되기 위해, 남들보다 더 많은 것들을 획득하고 성취하기 위해서이다.

결국 억지로 무엇인가를 하려고 하는 것이다. 마음이 너무 앞서고, 욕망이 너무 앞서기 때문에 욕심에 노예가 되어, 성공과 부에 집착하고, 스스로를 무한 경쟁 속으로 내몰고 있는 것이다.

 이런 현대적인 병폐 속에서 살아가고 있는 현대인들에게 이 책만큼 큰 위안이 되고, 지침서가 될 만한 책도 없을 것 같다.

 노자의 사상을 관통하는 핵심이 바로 '억지로 행하지 않는 것이 지혜'라는 사상이기 때문이다.

 현대인들은 너무 억지로 하려고 한다. 부자가 되고, 성공하고, 유명해 지기 위해 억지로 자신을 부단히 계발시키고, 철저하게 시간을 관리하고, 자신을 관리한다. 어떻게 보면 이런 것들은 매우 성실하게 살아가는 사람들의 모습을 띤다. 하지만 다른 측면에서 보면 너무 탐욕스러운 모습인지도 모른다.

 물론 열심히 살아가는 사람 중에 타인과 세상과 민

족을 위해 자신을 발전시키려고 하는 사람도 있지만, 자신의 안위만을 생각하여, 그저 잘 먹고 잘살기 위해 미친 듯 열심히 살아가는 사람들도 있다.

 노자가 주장하는 바는 이렇게 억지로 하는 것이 아니라, 저절로 되게 하는 것이다.

 " 내가 억지로 일을 꾸미지 않으니, 백성이 저절로 부유하게 되고, 내가 지나치게 욕심내지 않으니, 백성이 저절로 소박하게 되었다." [노자], 제57장.

 노자는 큰 나라를 다스리는 일을 생선을 굽는 일과 같다고 말했다. 생선을 구울 때 이리저리 뒤적거려서는 안 된다. 그렇게 하면 생선은 문드러지고 부서진다. 이처럼 큰 나라를 다스리는 자는 억지로 다스려서는 안 된다는 것이다. 그렇게 되면 작은 생선이 문드러지고 부서지듯 백성들의 삶이 문드러지고 부서지게 되는 것이다.

 이 책에는 모든 사람이 삶을 살아갈 때 삼아야 하는 자세에 대해서도 잘 나타나 있다.

" 발돋움하면 반듯이 설 수 없고 버팀 다리를 하면 걷지 못한다.

스스로 드러내면 밝지 않고 스스로 옳다 하면 현창되지 않는다.

스스로 떠벌리면 공이 없고 스스로 뽐내면 오래가지 못한다. "

_ [노자], 24장

이 책의 위대함은 노자가 자신의 주장에 대해서 스스로 뽐내지도 않고, 드러내지도 않고, 억지로 자랑하려고도 하지 않았다는 데 있다고 할 수 있다.

노자가 쓴 이 책은 [노자] 혹은 [도덕경]이라고 불리고 있는데, 인위적이고 가식적인 것들을 부정하기에 위대한 고전의 반열에 올랐다고 볼 수 있다. 이 책은 정말 놀라운 책이다. 세상의 이치를 통달한 것 같은 놀라운 통찰력이 책 속에 담겨있기 때문이다.

세상 만물에 대한 통찰력을 느낄 수 있게 해 주는 대목 중의 하나가 이것이다.

" 하늘과 땅은 길고 오래 간다.

천지가 능히 길고 오래가는 것은 스스로 살려고 다투지 않기 때문이다. 이래서 성인은 자신을 백성의 뒤에 두어서 앞서게 되고, 그의 몸을 밖에 두어서 온존해지게 된다. 사사로움이 없어서 능히 그 사사로움을 이룰 수 있게 되는 것이다. "[노자], 제7장.

필자는 이 대목에서 무릎을 칠 수밖에 없었다. 그리고 놀라운 사실을 하나 깨닫게 되었다. 바로 '무사성사'의 지혜이다.

자기 자신을 버릴 때 자기 자신을 온전하게 보존할 수 있는 것, 죽기를 각오하고 싸울 때 오히려 지옥 같은 전쟁터에서 살아날 수 있다는 것, 자신보다 타인의 성공을 먼저 도울 때 자신이 더 빨리 더 크게 성공하게 된다는 것 등이 모두 이 무사성사에 속하는 것이다.

필자도 이 무사성사(無私成私)의 경우라고 할 수 있다.

사사로운 성공, 즉 개인적인 성공과 부를 추구하기 위해 11년 동안 직장에서 뼈 빠지게 일을 했고, 누구보다 더 열심히 일을 했다. 하지만 생각대로 성공과 부를 획득하지는 못했다. 물론 임원이 되었다면 가능했을 수도 있다. 하지만 그것은 경쟁이 너무 심하고, 생각보다 훨씬 더 많은 것들을 버려야 한다.

하지만 직장을 그만둔 후, 3년 동안 필자는 정말 개인적인 성공과 부의 추구를 버렸다. 그런 사사로운 마음을 버리고, 나 자신을 버리고, 그저 책에 빠져들었다. 그렇게 되자, 생각지도 못한 작가가 되어, 베스트셀러가 되었고, 기업을 하나 차릴 수 있게 되었다.

이 책은 또한 이루는 것이 최고라고 말하지 않는다. 이루었다면 반드시 물러나야 한다고 말한다. 정말 무서운 말이면서도 놀라운 지혜가 아닐 수 없다.

" 지속해서 이것을 가득 채우는 것은 그것이 그침만 같지 않다. 헤아리면서 동자기둥을 세는 것도 길게 보전하지 못하니라, 금은보화가 집에 가득 차도 이것을 능히 지켜내지 못하니라. 부유함과 고귀함은 교만함과 같아 그것은 허물을 저절로 남기느니, 공이 이루어지면 몸이 물러나는 것은 하늘의 도이니라." [노자], 제9장.

 충격적이다. 이 시대 사람들은 누구나 부자가 되려고 안간힘을 쓴다. 양손에 가득 채우고도 더 채우려고 멈출 생각을 하지 않는다. 특히 현대와 같은 물질만능주의에서 자유로운 사람은 적다. 그런데 이 책에서는 부유함과 고귀함도 교만함과 같다는 것이다. 결국 허물을 남기게 되므로, 적당한 때에 그침을 알아야 한다고 말한다.

 부귀만 믿고 교만하면 반드시 화를 부르게 된다는 것이다. 공을 세웠을 때 물러나는 것이 하늘의 도이며, 자연스러운 것이라고 말한다.

 많은 사람들이 특히 한국의 정치인들이 이러한 처세를 알고, 지킨다면 얼마나 다른 나라가 될까? 생각만 해도 가슴이 설렌다.

부유해질수록 넘어지기 쉽고, 고귀해질수록 교만하기 쉬울 수밖에 없는 것이 인간임을 노자는 누구보다 잘 알고 있다. 그래서 인간은 누구나 부귀에 처하게 되면, 뽐내게 되고, 허물을 남기게 된다. 그러므로 결론은 이것이다.

'머물지 말고 물러나라' 라는 것이다.

너무 많이 가지지 말고 나누어 주고, 너무 오래 권력을 쥐고 있지 말고, 그 자리에서 물러날 수 있는 사람이 우리나라에 절실하게 필요하다. 많은 정치인이 어떻게 해서든 귀해지고, 높은 자리에 앉으려고, 그리고 그 자리를 지키려고 추잡한 행동을 서슴지 않는 것을 우리 국민은 자주 본다.

권력욕의 노예가 되면, 인간은 가장 추잡해진다. 그래서 결국 끝까지 권력을 붙잡고 있다가 위태롭게 된다. 결국 자승자박이다. 노자는 이러한 사실을 경계한다.

'지지(知止) 가이불태(可以不殆)'

즉, 멈춤을 알면 위태롭게 되지 않는다.

이 책의 그 어떤 책도 넘지 못할 심오함을 담고 있다. 그래서 동양의 고전 중의 고전인 [논어]와 함께 서양에서 가장 많이 번역된 책이 되었다.

이 책의 심오함을 알게 해 주는 문장들은 적지 않다. 그중의 하나가 바로 이런 대목이 아닐까?

" 성인은 몸을 낮추고 숨기지만 도리어 앞서고, 몸을 돌보지 않지만 도리어 몸을 보존한다." – 제7장 –

" 강과 바다가 온 골짜기의 왕이 된 까닭은 스스로 낮았기 때문이다. 그러므로 민의 윗자리에 있으려면 반드시 말을 낮추어야 하며, 민의 앞에 서려면 반드시 몸을 뒤에 두어야 한다. 그러므로 무위자연인은 위에 있어도 민이 무겁다 하지 않고 앞에 있어도 민은 방해된다 하지 않는다." – 제66장 –

훌륭한 사람은 자신을 뒤에 두어 오히려 남보다 앞

서게 된다. 즉 타인을 앞세우고 자신을 낮춘다. 그래서 자신이 더 높아지게 되는 것이다. 이런 진리를 깨우쳐야 한다. 이 책이 말하고자 하는 철학이 바로 이런 것이다.

현대인들에게 필요한 것은 열정이 아니라 고요함이고, 드러냄이 아니라 낮춤이고, 과감하게 나서는 용기가 아니라 기꺼이 다른 사람의 아래나 뒤에 설 줄 아는 용기이다. 이것을 노자는 이렇게 말했다.

" 과감하게 하는 용기가 있으면 죽고, 과감하게 하지 않는 용기가 있으면 산다."
− 제73장 −

정치인은 다른 정치인과 더불어 다투지 않아야 하고, 백성은 백성끼리 더불어 다투지 않아야 한다. 지나친 경쟁 사회에서 누군가와 다투지 않고 기꺼이 자신을 양보하고 다른 사람이 옳다고 인정해 주고, 타인의 아래나 뒤에 설 줄 아는 용기와 지혜를 이 책을 통해 배운다면 당신의 삶이 그렇게 빡빡하거나 무미건조하지는 않을 것이다.

위정자들이 전쟁을 과감하게 감행할 용기가 있으면, 백성들이 죽는 법이다. [손자병법]의 저자인 손자도 노자에게서 이러한 철학을 배웠다. 그래서 전쟁을 일으키는 것에 대해 매우 경계했다. 오히려 전쟁을 일으키지 않고 적을 굴복시키는 것을 최고의 병법으로 여겼다.

현대인들이 만족함을 안다면 지금보다 훨씬 더 여유를 누리고, 경쟁이 덜 심한 사회가 될 것이다. 노자의 이 말을 꼭 명심하자.

" 만족함을 모르는 것보다 더 큰 화는 없다.
얻고자 하는 탐욕보다 더 큰 허물은 없다.
 만족할 줄 아는 사람만이 영원히 만족한다." _ 제46장 _

이 책은 중국의 많은 사상가들에게 큰 영향을 끼친 것은 물론이고 멀리 서양의 위인들에게도 적지 않은 영향을 끼쳤다. 대표적인 인물이 톨스토이였다.

"나에게 가장 큰 영향을 끼친 사상가를 꼽으라면 주저 없이 노자라고 말할 것이다."

헤겔은 노자 철학을 그리스 철학을 능가하는 인류 철학의 원천이라고까지 말한 적이 있다. 그 이유는 무엇일까? 노자의 철학이 매우 심오하고 현묘하기 때문일 것이다.

노자 철학의 심오함을 잘 알 수 있게 해 주는 대목이 이 대목이 아닐까?

" 30개의 바퀴살은 한 바퀴통으로 모인다. 바퀴통에 빈 곳이 있기 때문에 수레는 쓸모 있게 된다. 흙을 짓이겨 그릇을 만들 때 그릇 가운데 빈 곳이 있기 때문에 그릇이 쓸모 있게 된다. 문과 창문을 내고 집을 만들 때, 집에 빈 곳이 있기 때문에 집이 쓸모 있게 된다. 따라서 유의 유익함은 완전히 무의 작용에 근거한다."   _ 제11장

한 마디로 노자의 철학은 '쓸모없는 것이 가장 쓸모 있는 것'이며, ' 아무것도 하지 않는 것이

가장 큰 일을 하는 것'이라는 말이다. 가장 쓸모없는 부분으로 인해 그 물건이 제대로 쓸모 있는 존재가 되고, 아무것도 하지 않는 시간을 통해 무엇인가가 가장 효과적으로 이루어진다는 사실을 노자는 깨달았다.

 인문학보다는 과학 기술이 훨씬 더 쓸모 있다고 생각했다. 하지만 스티브 잡스는 첨단 기기인 휴대전화 개발에 전혀 쓸모없을 것 같았던 인문학을 접목하게 시켰고, 그 결과 위대한 스마트 폰을 탄생시켰다.

많은 사람이 '조선시대 선비들만큼 쓸모없는 존재도 없었을 것'이라고 말한다. 하지만 조선시대 선비들이야말로 조선의 문화와 사회 발전에 이바지한 존재라는 사실에 대해서 생각해 본 적이 있는가?

 한강의 기적과 같은 급성장이 해방 후 우리나라에서 유일하게 성공할 수 있었던 것은 평생 책을 읽어 향상된 수준 높은 지혜와 의식의 DNA가 후손들의 몸속에 있었기 때문이다.

한국처럼 UN에 원조받던 세계에서 가장 못 살던 나라가 급속도의 경제 성장을 이루어내서 다시 UN에 원조하는 나라가 된 경우는 세계적으로 찾아봐도 찾아볼 수 없다. 그만큼 한국은 위대한 나라이고, 한국인들은 위대한 국민이다. 그리고 그렇게 될 수 있었던 가장 큰 이유는 조선 시대 선비들의 공부 덕분이다.

평생 공부한 것이 그저 사라지는 것이 아니라 자녀들에게 전해지고, 그것이 또 다른 자녀들에게 계속해서 전해진다. 그래서 공부는 절대 배신하지 않는다.

전혀 쓸모없어 보이는 인문학이 지금 열풍이 부는 까닭도 바로 노자의 이 말대로 되는 이치이다. 쓸모없는 것이 가장 쓸모 있는 것이 되기 때문이다.

개인적으로 좋아하는 문구 중의 하나는 이것이다.

'다언삭궁 불여수중(多言數窮 不如守中)'

즉 말을 많이 하는 것은 자주 궁지에 몰리게 하고, 마음을 비운 상태로 유지하는 것이 더 좋다는 것을 말한다.

그리고 하나 더 있다.

" 최상의 훌륭함이란 물과 같은 것이다. 물의 훌륭함은 만물을 이롭게 해 주면서도 다투지 않고, 여러 사람이 싫어하는 낮은 위치에 처신하는 것이다. "

현대인들의 처세로 삼아야 할 지침이다. 시끄럽고 복잡하고 정신없이 빠른 세상에서 조금은 물처럼 고요하게 자신을 낮추고, 억지로 하려고 하지 말고, 다투지 말고, 경쟁하지 않는 삶을 산다면 그런 사람은 반드시 좀 더 나은 삶을 살아가게 될 것이다.

물은 절대적으로 필요한 존재이지만, 단 한 번도 자신을 세상에 내세우지 않았다. 물은 어떤 상대를 만나도 유연하게 대처한다. 물이 가장 좋아하는 것은 낮은 곳으로 향하는 처세이다. 물은 자신을 한없이 낮추고 또 낮춘다. 그리고 물은 많은 사람들이 싫어하는 낮은 위치에 자신을 놓아둔다. 그것이 물이 위대함이다.

바로 이런 이유에서 물은 최상의 선과 같다고 노자가 말했다. 이런 자연의 이치를 비유로 해서 노자는 천지의 도를 설명한다.

" 사람이 살아 있을 적에는 부드럽고 약하지만, 죽고 나서는 굳고 강해진다. 만물이나 초목들도 살아 있을 적에는 부드럽고 여리지만, 죽고 나서는 말라서 빳빳해진다.

그러므로 굳고 강한 것은 죽음의 무리이고, 부드럽고 약한 것은 삶의 무리이다. 그래서 군대가 강하면 승리하지 못하고, 나무가 강하면 꺾여지는 것이다. 강하고 큰 것이 아래쪽에 자리 잡고, 부드럽고 약한 것이 위쪽에 자리 잡는 것이다. " _ 제76장 _

노자의 이 말은 사람이 성장할수록 사고방식을 유연하게 하고, 처세를 겸손하고 부드럽게 해야 한다는 것을 강조하고 있다. 크고 강함을 너무 자랑하면 결국 더 크고 강한 상대에게 패할 수 있다고 노자는 생각했다.

 남들보다 더 뛰어나거나 재주가 드러나게 되면 거센 비판을 받게 되고, 억눌리게 되는 것이 자연의 이치라는 것이다. 그래서 잘난 척 하지 말고, 자신을 세상에 드러내지 말고, 겸허하게 자신을 낮추고, 고요하게 살라고 그는 주장하는 것이다.

고대 영웅들을 생생하게 만나다 _ [플루타르크 영웅전]

" 그들은 적군을 격파하면 승리가 확실해질 때까지만 쫓아가다가 군대를 철수했다. 싸우기를 단념하고 도망치는 자를 죽이거나 칼로 찌르는 것은 비겁하고 정당하지 못한 행동이며 그리스인답지 못한 모습이라고 생각했던 것이다. 이것은 품위를 지키는 일이기도 하지만 그들 자신에게도 유리한 일이었다. 대항하면 죽지만 항복하면 살게 된다고 적들이 믿게 되면, 그들은 도망가는 것이 더 유리하다고 생각하여 싸움의 사기가 떨어지기 때문이다." < 플루타르크, [플루타르크 영웅전 전집 I], 110쪽 >

 지금 우리가 살고 있는 이 세상과 전혀 다른 세상이 과거에는 존재했다는 사실을 아는가? 필자는 이 책을 읽고 나서 현재 우리의 삶이 얼마나 정해진 틀 속에 갇혀 살아가고 있는 것인지? 그리고 얼마나 시야가 좁은 상태로 살아가고 있는지를 또 한 번 절실하게 깨닫게 되었다.

이 책은 고대 그리스의 역사가이자 철학자인 플루타르크가 고대의 영웅들과 위인들의 파란만장한 생애에 관해 쓴 영웅전이다. 그래서 이 책은 자연스럽게 영웅들이 비교된다. 그뿐만 아니라 원래의 작품은 '비교열전(比較列傳)'이라는 이름이었고, 실제로 한 사람의 그리스인과 한 사람의 로마 영웅에 관한 이야기를 서술하고, 이어서 두 사람을 비교하는 형식을 취하고 있었다.

이 영웅전 전집에 소개되는 영웅들은 모두 50명이다. 그중에서 필자에게 가장 큰 감명을 준 인물은 누구일까?

단언컨대 리쿠르고스이다. 물론 이 책을 통해 처음 알게 된 인물이기도 하다. 하지만 이런 인물이 존재했었다는 사실을 알고 전율하지 않을 수 없었다. 지금, 이 시대에는 도저히 엇비슷한 사람조차도 찾아볼 수 없을 정도로 그는 대단한 사람이었기 때문이다.

물론 이것은 지극히 개인적인 평가이다. 필자의 눈

에는 그가 대단한 위인이라고 여겨진다. 그 이유를 지금부터 말해보고자 한다.

 그는 무엇보다도 스파르타를 강하게 만들었고, 철학적 사상과 인격을 기초한 높은 덕을 가진 국민을 나라 전체에 양성하여 스파르타가 고귀한 나라가 되도록 만든 주인공이었다.

 아리스토텔레스는 그에 대해 다음과 같이 평가하는 말을 남겼다.

 " 그의 공덕에 비하면 스파르타 사람들의 그에 대한 존경은 아무것도 아니다."

 이 책의 저자인 플루타르크는 이렇게 그를 평가했다.

 " 플라톤이나 디오게네스나 제노와 같은 철학자들은 리쿠르고스의 가치관을 모범으로 삼아 정치에 관한 책을 썼던 것이다. 그러나 이들이 남긴 것은 실천이 아닌 한 가닥의 계획과 쓸데없는 말장난에 불과하다. 반면 리쿠르고스는 장엄한 정치체계를 종이 위가 아니라 땅 위에 창조한 작가였다. 사람들은 한 개인의 철학적 인격을 이루는 것도 쉽지 않다고 생각하지만 리쿠르고스는 완벽한 철학을 나라 전체에 세웠던 위대한 인물이었던 것이다." << 플루타르크, [플루타르크 영웅전 I], 117쪽 >

 그의 업적이 어떤 것이기에 완벽한 철학을 나라 전체에 세운 위대한 인물이라는 평가를 받는 것일까?

 그는 원로원을 처음으로 만들었고, 토지 재분배, 공동 식사, 청년 교육, 결혼 등에 관한 법률을 만들어 스파르타의 기초를 다졌다.

 플루타르크의 표현을 그대로 빌리자면, '그는 마치 뛰어난 의사가 난치병을 치료하기 위해 환장의 체질을 바꾸는 것처럼' 스파르타를 완전하게 개혁을 단행했고, 그것을 성공시킴으로써 품격 있고 강한 나라의 기초를 다질 수 있었다.

 그가 행한 개혁 중에서 최고의 개혁은 스파르타를

안전하고 공고히 할 수 있는 원로원을 형성한 것이라고 할 수 있다.

 원로원은 왕에 의한 독재정치를 막고, 다수의 민주정치가 되는 것도 또한 막음으로써 평평한 세력을 견제할 수 있게 하여, 국가의 안녕과 질서를 유지할 수 있게 왕과 동등한 권한을 가지고 있는 기구이다. 모두 28명의 원로원 의원은 왕을 도와 민중의 힘을 누르고, 또 한 편으로는 독재 정치를 견제하여 민중의 힘을 강하게 했다.

 리쿠르고스는 이 제도의 중요성을 알았기 때문에, 델포이에 가서 신탁을 받아오도록 했고, 이 신탁이 바로 레트라라고 불리는 것이다.

 리쿠르고스의 뛰어난 지혜와 놀라운 예지 능력을 알 수 있게 해 주는 것이 바로 원로원의 형성을 통해 그가 이룩해 놓은 스파르타의 수준 높은 정치 문화였다. 실제로 스파르타는 원로원이라는 제도 덕분에 스파르타 왕과 국민이 함께 하는 정치를 이룩해 낸 것에 반해, 이웃 나라들은 왕의 오만과 민중의 불복종으로 폭동이 끊이지 않았고, 질서는 혼란스러워졌으며, 제도와 조직은 붕괴되고 말았다.

 바로 이웃 나라들과 달리 스파르타의 조직과 제도가 건재했으며, 질서가 유지될 수 있었던 것은 바로 리쿠르고스의 여러 가지 정치적 사회적 개혁 덕분이었다.

 그의 개혁의 두 번째 대표적인 제도가 토지를 다시 분배했던 일이었다. 그 당시 토지 분배는 그야말로 불평등한 상태였고, 시기와 사치와 범죄의 온상이 되어 국가적 병폐로 여겨지는 빈부 차이를 낳았다.

 그래서 리쿠르고스는 먼저 토지를 모두 거두어들인 다음 모든 사람에게 다시 고르게 분배 되도록 하였다. 다만 부자들은 다른 사람과 같은 기반 위에서 살면서 용기와 덕으로 명예를 추가로 얻도록 해 주었다. 결과적으로 경제적 여건에 있어서는 부자와 아닌 사람 모두 아무런 차이가 없도록 만들었다.

 결과적으로 토지가 고르게 재분배됨으로써 토지

소유의 불균형으로 인해 발생하였던 시기와 사치와 범죄는 사라지게 되었다.

 리쿠르고스는 여기에 만족하지 않았다. 불평등과 불공평을 완전히 뿌리 뽑으려고 재산과 집도 똑같이 분배하려고 했다. 하지만 모든 사람이 자기 재산을 나라에 바치는 것을 싫어했다.

 그래서 그는 다른 방법을 사용하여 스파르타 사람들의 탐욕을 억제하기로 했다. 그것은 바로 금화와 은화를 모두 거두어들인 후 부피가 크고 무거운 쇠돈만을 사용하게 한 방법이었다. 이렇게 되자 돈을 많이 가지고 다니기 위해서는 여러 마리의 소가 끄는 마차가 필요했고, 돈을 저장하기 위해서는 추가로 커다란 방이 필요하게 되었다.

 부피가 너무 커서 숨겨 놓는 것이 불가능해졌고, 심지어 뇌물로 사용할 수도, 훔칠 수도, 그리고 있다고 해서 부러워하지도 않게 되었고, 결과적으로 돈 때문에 발생하는 여러 가지 범죄가 사라지기 시작했다.

더 놀라운 사실은 리쿠르고스는 스파르타 사람들의 삶을 매우 단순하게 만들었다는 점이다. 그래서 스파르타 사람들이 생활하는 데 꼭 필요한 것들을 제외한 것들과 직업들을 모두 없앴다는 것이다.

즉 장사꾼, 점쟁이, 조각가, 금은보석을 만드는 기술자들을 없앰으로써 사치스러운 삶을 살지 않도록 했고, 대신에 생활에 꼭 필요한 침대나 의자, 책상, 컵 등 가구와 생활용품들의 질을 향상하게 시켰다.

리쿠르고스는 스파르타 사람들이 사치를 억제하도록 했고, 재물에 대한 욕심을 버리도록 이끌었다. 그가 이렇게 하기 위해 실시한 정책 들은 이것이 전부가 아니다. 여러 사람이 한곳에 모여서 함께 식사를 하도록 했다.

이렇게 함으로써 스파르타 사람들이 호사스러운 소파와 식탁에 앉아 산해진미를 먹으며 시중을 받고 게으른 잠과 사치스러울 정도로 화려한 목욕탕과 같은 사치스러운 환경을 없앴다.

결국 리쿠르고스는 스파르타 사람들의 음식 간소화와 삶의 단순함을 이루게 했다. 무엇보다 부자나 가난한 사람이나 모두 같은 식탁에 앉아 식사를 하게 함으로써 사치스러운 음식을 만들어 남에게 자랑하는 일은 생각도 하지 못하게 하였다.

공동 식사는 보통 15명 정도가 모였으며, 이 풍습은 오랜 기간에 걸쳐서 엄격하게 시행되었다.

리쿠르고스를 개인적으로 존경하는 이유 중의 하나는 그가 실시한 개혁들이 한두 가지가 아니라서가 아니라 그의 수준 높은 철학과 교육, 개인적인 삶이 일치한다는 데 있다. 물론 그가 실시한 개혁이 매우 놀라운 것들이었음을 부인할 수 없을 것이다.

스파르타의 검소한 생활 습관은 리쿠르고스가 모든 법을 교육과 관련지어서 시행하려고 했기 때문이기도 하다.

레트라 제1조는 법을 기록하지 않는다는 원칙을 세우고 있고, 제2조는 사치와 낭비를 금한다고 규정하고 있다. 또한 레트라에는 한 나라와 여러 번 전쟁을 해서는 안 된다는 내용이 있다. 자주 싸우게 되면 스파르타의 전술이 노출되어 상대가 강해질 수 있다는 것을 간파했다.

리쿠르고스는 교육을 굉장히 중히 여겼다. 청년들에 대한 교육이 결국 스파르타를 강하게 만들 것이고, 더 효율적인 나라를 만들 것이기 때문이다.

그가 여자들의 신체에 대해 많은 관심을 쏟은 이유도 여기에 있다. 여자들이 신체를 단련하면 결과적으로 건강한 아기를 낳을 수 있게 되고, 그것은 스파르타의 구성원 한 명 한 명을 강한 인간으로 형성하는 초석이 되기 때문일 것이다.

특히 스파르타에서는 처녀들이 벌거벗는 일에 대해 조금도 부끄러워하지 않도록 했는데, 이것은 건강한 육체를 서로 뽐내어 서로 경쟁심을 갖도록 했고, 남자들은 이에 걸맞게 용기와 명예심을 일깨워 주기 위해서였다.

리쿠르고스는 결혼 생활에서 엄격한 질서를 지키게 했고, 쓸데없는 질투심을 없애는 데 많은 주의를 기울였다. 아내를 한 사람의 소유물로 생각하기보다는 강한 국가를 위해 좋은 자손을 위해 아내를 다른 사람에게 보내는 것을 남자의 도리라고 생각하게 했다.

그래서 젊은 아내와 사는 늙은 남자 중에서는 자신의 젊은 아내를 건장한 청년에게 보내 건강한 자식을 낳게 하는 일도 있었다. 그뿐만 아니라 남의 아내가 마음에 들면 그 여자의 남편에게 허락받고 그 여자를 자기 집에 데려와 자식을 낳게 하는 일도 있었다.

이 모든 일은 결국 아이들조차도 부모의 소유물이 아니라 국가의 것이라는 생각에서 비롯되는 것이었다. 즉 남편에게서 허약한 아이를 낳는 것보다는 다른 남자를 통해서라도 건강한 아이를 낳는 것이 더욱더 바람직하다고 생각했다.

스파르타에서는 아기가 태어나면 아버지가 마음대

로 기르지 못했다. 먼저 검사관에게 보여야 한다. 그래서 건강하게 자랄 가망이 있는 아기만 기르도록 하고, 그렇지 않으면 계곡에 갖다 버리게 했다.

아이가 일곱 살이 되면 국가에서는 모두 모아서, 똑같은 규율 속에서 먹고 생활하고 운동하고 놀게 하였다. 용기를 미덕으로 여기게 교육했으며, 힘든 일을 견디는 것, 싸움에서 이기는 법, 어둠을 무서워하지 않는 법, 검소하게 생활하는 습관, 엄격한 수업을 받는 법, 신체를 단련하는 법 등을 배우며 강인한 정신과 육체를 기르도록 하였다.

인상적인 대목은 아이들에게 짧고 간결한 말을 사용하도록 교육했다는 점이다. 그 결과 스파르타 사람들은 모두 말을 길게 늘여서 하는 것을 매우 싫어하게 되었다.

스파르타 사람들은 노래와 시에 관한 공부를 무척 중요하게 여긴다. 그 이유도 말을 짧게 하는 것을 좋아하기 때문이다. 노래와 시는 용기를 자아내고, 숭고한 일을 짧은 말로 읊은 것으로 생각하기 때문이다.

알려진 대로 스파르타 사람들은 매우 지혜로웠다. 이들이 지혜로웠고 지혜를 무엇보다 더 사랑했음을 플루타르크도 다음과 같이 묘사한 바 있다.

"그리고 어떤 젊은이가 싸움닭을 사러 온 사람에게 죽을힘을 다해 싸우는 수탉을 주겠다는 말에," 아닐세, 상대방을 죽일 때까지 싸우는 놈을 주게 "라고 했다는 이야기도 전해온다. 그래서 어떤 사람은, 스파르타는 체육을 사랑했다고들 하지만 사실 그들은 지혜를 사랑했던 것 같다고 말한다." < 플루타르크, [플루타르크 영웅전 전집 I], 108쪽 >

스파르타 사람들은 체력만 기른 것이 아니었다는 사실을 또 한 번 배우게 된다. 그들은 체력만큼 지혜를 단련했던 것 같다. 그런 사실에 대해 플루타르크는 여러 번 지적하고 있다.

전쟁을 할 때 그들은 적군을 쫓아갈 때, 승리가 확

실해질 때까지만 쫓아갔고, 싸우기를 포기하고 도망치는 자를 죽이기 위해 끝까지 쫓아가지 않았으며, 도망가는 자들을 죽이지도 않았다. 그 이유는 스스로 품위를 지키기 위해서이기도 하지만 그것보다 더 중요한 지혜가 담겨 있다.

그것은 바로 스파르타와 싸움을 할 때, 끝까지 대항하면 죽지만 항복하면 살게 된다는 사실을 적들이 알게 되면, 조금만 힘들어도 적들은 쉽게 싸움의 사기가 떨어지게 할 수 있기 때문이다.

필자가 리쿠르고스에게 큰 감동을 한 부분은 그가 국민에게 많은 여가를 주었을 뿐만 아니라 기술이나 돈을 위해서 쉬지 않고 일하는 것을 매우 천하다고 생각할 수 있게 교육을 시켰다는 점이다.

그래서 스파르타 사람들은 돈을 더 차지하기 위해 법률 소송하는 일은 거의 없었고, 탐욕도 빈곤도 없이 고르게 잘 살며, 전쟁이 일어나기 전까지는 먹고 살기 위해서 쉬지 않고 일을 하거나 기술을 배우는 것 없이 진짜 여가를 보내며 살았던 것 같다.

그래서 그들은 전쟁이 일어나기 전까지는 노래를 부르거나 춤을 추고, 체육 경기나 사냥 등을 하면서 진짜 여가를 보내는 삶을 살았다.

현대인들처럼 일중독에 걸린 사람들은 이런 삶을 절대로 이해할 수 없을 것이다. 물질만능주의 사회에 살면서 돈을 벌기 위해 쉼 없이 일을 하는 현대인들은 스파르타인들의 삶을 상상도 할 수 없을 것이다.

마치 이들의 삶은 엄청난 돈을 벌고, 사회적으로 큰 성공을 한 사람들이 누리는 그런 여유 있는 삶과 무엇이 다른가?

필자가 리쿠르고스를 높게 평가하는 이유가 바로 여기에 있다. 최소한 스파르타 사람들로 하여금 돈을 위해, 또는 성공이라 불리는 사회적 지위와 같은 것들을 위해 자신을 스스로 착취하도록 하지 않았다는 것이다.

명예를 존중했지만, 스파르타 인들은 타인을 존중하고, 자신을 낮출 줄도 알았다. 그렇다고 해서 국가를 위해 헌신하는 것에 빼지도 않았다. 300명의 용사 중에 자기가 뽑히지 못했을 때 이들은 자기보다 더 훌륭한 스파르타인이 300명이나 있다는 사실에 진정으로 기뻐할 줄 아는 그런 수준 높은 인간이었다.

리쿠르고스가 세운 법률이 완벽한 것은 아니지만, 최소한 정의롭지 못하거나 불평등한 점은 찾아볼 수 없었다. 그에게서 큰 감동을 한 부분은 그가 실천한 개혁이 스파르타의 모든 제도와 관습이 되게 함으로써, 스파르타의 기초를 다진 후에 음식을 끊고 조용히 죽음을 맞이했다는 점이다.

그 후 500년 동안 리쿠르고스의 법률은 지속되었고, 스파르타의 번영도 함께 유지되었다.

리쿠르고스는 한 마디로 위대한 정치가였다고 필자는 평가한다. 자신의 부귀영화를 위해 정치를 하는 사람들과 달리 그는 진정으로 스파르타를 사랑했고, 그 나라를 위해 헌신한 리더였다.

필자가 이 책에 나오는 수많은 영웅 중에서 리쿠르고스만을 소개하는 이유는 가장 큰 감동을 그에게서 받았기 때문이다. 그렇다고 해서 독자들에게 이 부분만을 읽으라는 말은 절대 아니다.

가장 먼저 읽어야 할 인물을 묻는다면, 단언컨대 리쿠르고스라고 말하고 싶다. 그 어떤 영웅들의 이야기에서보다 훨씬 더 많은 의식의 확장을 이룰 수 있다고 확신하는 인물 중의 한 명이기 때문이다.

우리의 가장 오래된 역사책 _ [삼국사기]

<삼국사기>는 우리나라에서 현존하는 가장 오래된 역사책이다. 고려 인종 23년에 편찬된 이 책은 김부식이 왕의 명을 받아서 3년 10개월에 걸쳐서 쓴 책이다.

이 책의 내용이 중요한 이유는 무엇일까?

왜 우리는 이 책을 읽어야 하는 것일까? 그것은 한마디로 중국이 너희 나라는 백제와 신라로 이루어진 나라라고 우길 때, 아니라고 당당하게 얘기할 수 있기 위해서다. 물론 우리가 역사책을 읽어야 하는 이유는 수만 가지다. 그중에서도 가장 중요한 이유 중의 하나가 바로 이것이다.

실제로 중국은 '동북공정'의 주요 논리를 제기한 바 있다. 그 주요 논리 중의 하나는 고구려가 한국사에 포함되지 않는다는 말도 안 되는 소리이다. 이렇게 누군가가 이상한 이야기를 할 때, 당당하게 근거로 내 세울 수 있는 것이 바로 우리의 역사책이고, 그중에서도 바로 이 책 <삼국사기>는 결정적인 근거가 된다는 사실이다.

 이 책에는 고구려, 백제, 신라를 하나의 틀 속에 넣어서, 우리나라로 인식하고 있다. 하지만 아무리 이렇게 훌륭한 역사책이 존재한다고 해도, 이런 역사책을 한국인들이 읽지 않는다면, 어떻게 고구려가 우리나라라는 사실을 당당하게 주장하고 설명하고 끝까지 지켜낼 수 있겠는가?

 우리의 고대사를 가장 온전하게 복원할 수 있는 유일한 키 북이 바로 이 책이다. 그래서 우리는 다른 나라의 신화나 고전보다도 먼저, 그리고 더 많이 읽어야만 한다.

 <삼국사기>는 우리 역사와 문화의 보물 창고와 다를 바 없다.

 그런데 이런 책을 가까이 하지 않는다는 것은 결국 자신의 앞마당에 있는 보물은 캐내지 않고 다른 먼

곳에 가서 보물을 찾으려고 하는 어리석은 행동을 하는 것과 같다. 그런 점에서 이 책을 꼭 자주 많이 읽기를 추천하는 것이다.

" 신 김부식이 말씀 올립니다. 고대의 여러 나라에서도 각기 사관을 두어 일을 기록했습니다. ... 생각건대 우리 해동(우리나라를 지칭하는 말) 삼국은 지낸 연수가 길고 오래되어 마땅히 그 사실을 나라의 역사책에 기록해야 할 것입니다."

삼국사기의 서문에 해당하는 ' 삼국사기를 바치는 글'의 첫 문장이다.

김부식에게 고려 인종이 삼국사기를 편찬하도록 명한 이유가 서문에 자세하게 기록되어 나온다.

" 지금의 학사와 대부들은 (중국의) 5경과 제자의 책과 진, 한 역대의 역사는 혹 널리 알아 자세히 말하는 사람이 있으나, 우리나라의 일에 이르러서는 도리어 넓고 멀어 아득해 그 시작과 끝을 알지 못하니 매우 한탄스럽다. 하물며 신라, 고구려, 백제가 터전을 열고 솥의 세 발처럼 서서 능히 예로써 중국과 통했기 때문에 범엽의 <한서>와 송기의 <당서>에 모두 (삼국의)열전이 있는 것이다. 그러나 국내의 일은 자세하고 외국의 일은 간략해서 자세히 실리지 않았다.

 또한 <고기>는 글이 난잡하고 서투르며 사적이 빠지고 없어져서, 군주와 왕비의 선악, 신하의 충성과 사악함, 나랏일의 안위, 백성의 잘 다스려짐과 어지러움을 모두 펴서 드러내어 후세에 전해 권하고 경계할 수 없다. 이에 마땅히 삼장(재주, 학식, 식견)의 재주를 얻어 능히 한 집안의 역사를 완성해 이를 만세에 물려주어 해와 별처럼 빛나게 하고자 한다." < 25~26쪽, [삼국사기], '삼국사기를 바치는 글' 중에서>

 이 책의 시작은 신라 본기로 시작되어, 고구려 본기, 백제 본기 그리고 나서 연표, 잡지, 열전 등으로 이어져서 총 50권으로 구성되어 있다.

신라 본기 제1을 보면 신라의 시조가 누구이고, 성은 무엇이고 이름은 무엇인지, 언제 시작되었고, 나이가 몇 살 이었는지, 나라 이름은 무엇이었는지 등이 나온다.

신라 본기를 보면 가장 인상적인 부분이 여자가 왕이 되었다는 사실이다. 신라 본기 제5에 보면, 진평왕의 큰딸인 선덕왕이 왕위에 오른 것을 알 수 있다. 우리나라 최초의 여왕이다.

이 대목에서 보면, '여자 임금은 나라를 잘 다스릴 수 없다.'라며 비담과 염종이 반란을 꾀해 군사를 일으켰다는 역사도 고스란히 담겨 있다.

고구려 본기 제1을 보면 고구려 시조 동명성왕에 관한 이야기로 시작하는 것을 알 수 있다. 고구려의 위상을 한껏 높이는 데 가장 크게 이바지한 선조 가운데 한 명인 광개토왕의 역사도 여기에 실려 있다.

광개토대왕의 큰 업적 중의 하나는 중국의 광활한 대지를 점령하는 '북벌'이었다. 실제로 광개토대왕은 요하 건너 멀리 평주의 중심지인 숙군성을 공격하여 후연을 완전히 퇴치시키고, 요하 동쪽의 거대한 땅을 차지했다.

 광개토대왕과 그의 아들 장수왕 시대에 고구려는 옛날 고조선의 영토를 거의 전부 되찾았다고 추정할 수 있는 여러 가지 역사적 사건들을 만들어냈음을 알 수 있다. 그중의 하나가 장수왕이 414년에 새운 유명한 광개토태왕비라 불리는 사면석비이다.

 물론 삼국사기에는 자세한 내용은 담겨 있지 않다. 하지만 역사의 큰 맥은 살펴볼 수 있다.

 백제 본기를 보면, 백제의 시조 온조왕에서 마지막 왕인 의자왕까지의 역사가 고스란히 실려 있다. 그런데 가장 인상적인 왕은 단연 의자왕이다.

 의자왕이 처음부터 그렇게 주색에 빠져 술만 마시고 사치스럽고 화려한 생활을 했던 왕이 아니라는 사실을 알 수 있다. 처음에는 친히 군사를 거느리고 신라를 침공하여 40여 성을 항복시키기도 했고, 백성들을 위무하고, 죄수들을 재심사하여 사형수를 제외하고는 다 용서해 주기도 했다.

의자왕이 주색에 빠져 술 마시는 것을 멈추지 않자, 직언하는 충신도 있었다. 하지만 의자왕은 직언하는 충신을 옥에 가두어 버렸다. 그런데 그 충신은 옥에서 말라 죽었고, 이에 따라 더 이상 왕에게 직언하는 신하는 없었다고 전한다.

<삼국사기>를 읽을 때 가장 조심해야 할 것은 앞부분만 읽다가 흥미를 잃어서 책을 덮는 경우이다.

이 책의 백미는 앞부분이 아니다. 제대로 된 흥미진진한 역사는 이 책의 후반부인 삼국사기 권 제41부터이다.

그래서 필자가 추천하는 <삼국사기> 독서 요령은 한 마디로 삼국사기 권 제41부터 읽으라는 것이다. 물론 처음부터 쭉 읽어 내려가는 사람들도 좋다. 하지만 독서는 꼭 그렇게 해야만 하는 의무는 없다.

한 페이지, 한 문장을 읽더라도 그것은 독서이다. 오히려 맥킨지식 독서법은 한 시간 읽고 세 시간은 읽은 것에 대해 생각하는 독서 스타일이라고 한다.

그래서 읽기만 하는 바보보다는 읽고 생각하고 초서하여 읽은 것을 자신의 것으로 만들 줄 아는 독서가가 되는 것이 중요하다.

<삼국사기>라는 책을 완독하기 위해 처음부터 읽다 보면 십중팔구 중간도 읽지 못해 포기해 버린다는 것이다. 하지만 이 책을 뒷부분인 41권부터 읽게 되면, 이 책의 가장 중요한 열전 부분을 읽을 수 있게 되기 때문에 훨씬 더 자주 우리의 역사책을 접하고, 더 많은 것들을 경험하게 된다고 생각한다.

실제로 < 열전 > 부분에 보면, 김유신, 장보고, 온달, 강수, 관창, 도미, 연개소문, 견훤 이라는 우리들의 훌륭한 선조들과 영웅들에 대한 이야기가 진솔하게 담겨 있다. <삼국사기> 총 50권 중에 마지막 10권이 앞의 40권보다 먼저 읽어야 하는 부분이다.

다시 말해, <삼국사기>의 접근법은 다른 책과 달리, 뒷부분부터 그리고 단편집처럼 인물에 대해 개별적인 이야기로 독립되어 있어서 그때그때 관심이 가는 인물에 대해서 읽으면 된다는 접근 용이성도 있다.

모르면 역사 고전이 읽기가 힘들고, 어렵고, 지루하지만, 알고 읽으면 쉽고 재미있고 흥미진진하다.

<삼국사기>의 뒷부분은 그 어떤 서양 영웅전보다 더 흥미롭고 지혜롭고 삶에 대한 통찰력을 갖출 수 있게 해 준다고 필자는 자신 있게 말하고 싶다.

로마나 그리스의 역사서나 신화, 삼국지와 손자병법은 평생 수십 번씩 읽으면서도 우리의 역사서인 <삼국사기>는 과연 평생 몇 번이나 완독하는가?

우리의 뿌리를 모르면, 어디 가서 당당히 무엇을 말할 수 있겠는가? 고전 독서법의 근본은 우리의 것으로부터 시작해야 하는 것이 아닐까?

한국의 고대사에 대해 알 수 있는 책이 더 이상 발견될 가능성은 거의 없다는 점에서 이 책은 아무리 높게 평가해도 지나치지 않다고 할 수 있다.

" 다시 말해,
　고전은 내가 알고 있는 줄도 몰랐던 사실을
　깨닫게 해준다."

　　　– 파디먼 –

제2장. 즐거운 고전 읽기

" 고전은 언어와 같다. 언어를 모르면 타인과 대화할 수 없다. 고전을 모른다면 지나간 과거와 대화할 수 없고, 같은 시대를 사는 사람들과도 대화할 수 없다. 고전은 또한 인류가 오랫동안 쌓아 온 소중한 지적 유산이다. 이는 현재를 세우는 기초가 되며 미래를 위한 자산이 된다. 우리가 살고 있는 현대를 알기 위해서, 그리고 미래를 알기 위해서 고전에 대한 이해는 반드시 필요하다."   _ 고전연구회.

고전은 맛있는 빵이다.

고전 읽기는 선택이 아니라 필수이다. 우리가 밥이나 빵을 먹지 않으면 살아갈 수 없는 것처럼, 고전 읽기는 우리가 인간으로 살아가기 위해서 꼭 필요한 양식과 같은 것이다.

누구는 책을 읽지 않고도 잘 살아가고 있다고 장담한다. 하지만 그것은 마치 배우지 않고 일만 열심히 하면 먹고 살 수 있다고 말하는 것과 다를 바 없다. 인간은 먹고사는 데 의미와 가치를 두어서는 안 된다.

인간은 배우고 성장하고 새로운 가치를 만들고 남기는 데 의미를 두어야 한다.

고전은 빵이나 밥과 같은 주식이다. 고전은 다른 책들의 뿌리이고, 근본이고, 본질이기 때문이다.

고전은 너무 쉽게 구할 수 있고, 너무 쉽게 접할 수 있어서 오히려 사람들은 그 중요성과 영향력을 깨닫지 못하는 것 같다. 인간이 살기 위해서 가장 필요한 공기가 언제나 우리 주위에 있어서 공기의 중요성을 깨닫지 못하는 것처럼 말이다.

하지만 고전은 어떻게 보면 공기보다 더 중요하다. 공기는 우리가 육체적으로 살아가기 위해서 꼭 필요한 것이지만, 고전은 우리가 정신적으로 인격적으로 사회적으로 살아가기 위해 꼭 필요한 것이기 때문이다.

필자는 한동안 EBS 고전 읽기에 고정으로 출연하여 한 권의 고전을 한마디로 요약하고, 남과 다른 독특한 시각으로 고전을 풀이하는 코너를 매주 금요일에 진행한 적이 있다. 그 코너의 이름이 바로 '김병완의 고전 불패'였다.

이 이름이 의미하는 것은 ' 고전을 가까이하는 자는 절대로 망하지 않는다' 라는 것이었다.

그렇다. 고전을 가까이하는 사람은 절대로 망하지 않는다. 그래서 고전은 우리에게 빵과 밥과 같은 그런 필수적인 존재이다.

고전 읽기는 그 어떤 인간의 활동보다도 인간의 사고를 키워준다. 고전 읽기는 그 어떤 것들보다도 더 큰 깨달음과 지혜, 기쁨과 위안을 인간에게 제공해 준다. 고전 읽기는 그 어떤 행위보다도 더 큰 성장과 도약을 가능하게 해 준다.

 생각해 보라.

한국인들은 현재 세계에서 가장 책을 안 읽는 민족 중에 하나다. 공부 시간은 세계 최강일지 몰라도, 정작 인생에서 뼈와 살이 되는 참된 공부인 독서 시간은 이웃 나라 일본과 중국보다 훨씬 적다.

 일본인들은 한국인들보다 6.1배나 더 많이 독서하고 있고, 미국인들은 6.6배나 더 독서하고 있다. 심지어 중국인들도 3배 정도 더 많이 독서하고 있다.

 한국은 넓은 국토도 없고, 많은 인구와 자원도 없는 그런 작은 나라다. 그래서 믿을 것은 인적 자원뿐이다. 그런데 그 인적 자원들이 자신을 스스로 최고의 명품으로 도약시키는 일에는 소홀하고, 다만 먹고 사는 일, 타인과의 경쟁, 부와 성공에만 관심을 기울이고 있다면 어떻게 되겠는가?

 실제로 한국 사회는 이렇게 흘러가고 있다. 그래서 나쁜 것들도 전부 1등이거나 세계 최고 수준이다. 가장 심각한 것은 자살률이다.

 그런데 지금 이런 한국 사회의 한국인들이 고전을 하루에 세 번 밥을 먹듯이 가까이 하게 된다면 어떤 일이 벌어질까? 필자는 이것이 궁금하다. 그리고 기대된다.

 밥은 굶어도 책은 굶지 말아야 한다. 그것이 바로 우리가 살길이고, 우리 백성이 살길이다. 영화나 드라마는 보지 못 해도, 고전은 꼭 읽어야 한다. 고전은 맛있기만 한 것이 아니라 우리 인생에 꼭 필요한 뼈와 살이 되기 때문이다.

 유럽의 어떤 나라 사람들은 커피를 마시듯 책을 읽

는다고 한다. 언제나 늘 곁에 두고 싶은 애인이라고 말하는 사람도 있다.

이와 마찬가지로 고전은 우리가 매일 먹어야 하는 밥이나 빵과 같은 존재이다.

다양한 고전을 접해야 한다.

기록상으로 보면 우리나라 최초의 독서 고수인 율곡 이이는 다독보다는 숙독을 강조했다. 그가 남긴 [격몽요결]에 보면 이런 말이 나온다.

" 책을 읽을 때는 반드시 한 가지 책을 습득하여 그 뜻을 모두 알아서 완전히 통달하고 의문이 없게 된 다음에야 다른 책을 읽을 것이요, 많은 책을 읽어서 많이 얻기를 탐내어 부산하게 이것저것 읽지 말아야 한다."   < 이이, [격몽요결] 중에서 >

하지만 율곡 이이 선생이 살았던 조선시대와 현대는 달라도 너무 다르다는 사실을 인식할 필요가 있다.

 독서법도 시대에 따라, 사람에 따라, 목적에 따라, 심지어 책에 따라 달라져야 한다.

 조선 시대에 대부분 선비가 선호한 독서법은 반복하고 또 반복해서 책을 읽어 뜻을 완전하게 통달하는 방법이었다. 이것을 한마디로 말하면 '독서백편의자현讀書百遍義自見'이라고 말할 수 있다.

 백 번 읽으면 뜻을 자연히 알게 된다는 말이다.

하지만 지금, 이 시대에는 하루에도 한국에서만 200~300여 권의 책이 출간된다. 그리고 더 중요한 사실은 그 200여 권의 책은 과거에는 접할 수 없었던 새로운 의식과 패러다임과 지식과 정보가 담겨 있는 책들이라는 점이다.

 조선 시대에는 책이 많이 있지 않았고, 한 권의 책을 구하는 것도 매우 힘들었을 뿐만 아니라 굉장히 고가였다.

우리의 선조 중에 가장 많은 책을 집필한 혜강 최한기 선생은 매우 부자였지만, 책을 너무 좋아해서 조선에 가장 먼저 들어온 책은 모두 구매할 정도였다고 한다. 그 결과 부자였던 최한기 선생은 가난해졌다고 한다. 그 정도로 책이 고가였다.

현대는 인쇄술과 기술이 발달해서 한 권의 책값이 영화 한 편 보는 것보다 약간 비싼 정도이다. 책을 아무리 많이 사들인다 해도 그것 때문에 부자가 가난하게 된다는 것은 상상도 할 수 없을 정도다.

또 조선 시대에는 지식의 폭발 정도가 매우 느렸다. 하지만 요즘은 몇 년만 지나면 인류의 지식과 정보의 총합을 두세 배 이상 뛰어넘는 새로운 지식과 정보들이 쏟아져 나오게 된다.

한 마디로 지식과 정보가 기하급수적으로 증가한다는 것이다.

과거의 조선 선비들은 우리가 고전이라고 하는 책들 중에서도 중국에서 나온 책만 읽으면 되었다고 말한다면, 지금 우리들은 과거의 고전 중에서도 서양에서 나온 고전, 미국에서 생겨난 고전, 그리고 현대에 쏟아져 나오고 있는 검증이 안 되었지만 고전의 반열에 충분히 오를 수 있는 명저들까지 읽어야 하는 시대에 살고 있다고 할 수 있다.

이러한 여러 가지 이유와 시대적 변화 때문에 다양한 책들을 읽는 것, 즉 다독하는 것을 필자는 추천하고 있다.

창조성이란 결국 새로운 것을 만드는 것이 아니라 다양한 이질적인 것들을 융합하고 엮고 조합하는 것에서 발휘되는 것으로 생각한다. 그렇게 하기 위해서는 다양한 이질적인 생각과 의식에 접해야 한다.

발전과 성장을 할 수 있는 최고의 방법은 수용과 모방이다. 그리고 그것이 어느 정도의 양의 임계점에 도달했을 때 비로소 질적 전환이 일어나 새로운 이론과 견해, 가설이 탄생하게 된다. 그런 식으로 인류의 모든 학문과 사상은 발전을 해 왔다.

여기서 강조해야 할 사항은 다양하고 풍부한 양적 수용과 모방이다. 에디슨이 최고의 발명왕이 될 수 있었던 것도 바로 이런 원리에서 비롯된 것이라고 말할 수 있을 것이다.

나폴레옹이 전쟁의 영웅이 될 수 있었던 이유도 이것이고, 이순신 장군이 위대한 장군이 될 수 있었던 것도 장군이기 이전에 문신으로서 다양한 책들을 읽고 자신의 것으로 소화했기 때문이라고 할 수 있다.

스티브 잡스도 위대한 혁신가임에는 아무도 부인할 수 없을 것이다. 하지만 필자는 스티브 잡스보다도 세종대왕이 더 위대한 혁신가라고 생각한다.

지금, 이 시대에 수천 명의 위대한 학자들이 평생을 투자해도 새로운 글자를 하나 만든다는 것은 거의 불가능할 것이다. 하지만 세종대왕은 세계의 모든 언어학자가 찬양하는 세계에서 가장 과학적인 글자인 한글을 창조했다.

이것만큼 더 큰 혁신은 없을 것이다. 세종대왕이 이처럼 위대한 업적을 달성할 수 있게 된 것은 결국 독서의 힘이라고 할 수 있다. 세종대왕은 그 당시 더 이상 높이 올라갈 수 없을 만큼 최고의 부자였고, 최고의 정상에 서 있었던 사람이다. 하지만 세종 대왕은 과거 시험을 쳐야 하는 선비들보다 더 열심히 더 지독하게 책을 읽고 또 읽었던 위인이다.

세종대왕의 모든 창조성과 유연성과 리더십과 백성 사랑은 바로 책에서부터 나온 것이라고 필자는 생각한다.

열렬한 고전 마니아가 되어라.

'21세기 리더 100인'으로 미국의 <타임지>가 리더를 선정했을 때 유일하게 한국인으로 선정된 여성이 있었다. 그 여성은 바로 전방위 공부 인간, 뜨겁게 평생 공부를 한 김진애 박사이다.

필자도 김진애 박사의 공부 에너지를 접하고 나서 많은 부분 공감을 하게 되었다. 필자 역시 40대에 안정된 직장과 높은 연봉을 포기하고 독서를 통한 공부를 시작했다. 결과를 생각지도 안 했음에도 불구하고 필자는 매우 성공적인 결과를 얻었다.

김진애 박사는 자신의 저서를 통해 1년 만이라도 뜨겁게 공부에 미쳐보라고 조언한다. 필자는 독자들에게 비슷한 주문을 하고 싶다.

딱 1년만 뜨겁게 고전에 미쳐 보라.

그렇게 한다면 당신의 그 이후 인생은 그 이전 인생과 분명하게 다를 것이다. 필자가 장담한다.

고전을 가까이하는 자는 절대로 망하지 않는다. 이것은 필자가 가장 맹신하는 한 가지 원칙 중의 하나이다. 고전에는 수천 년의 지혜가 고스란히 담겨 있다. 그것을 단 몇 시간 만에 한두 가지라도 얻을 수 있는 사람이 일 년 동안 매일 고전을 통해 배우고 자신의 사고와 의식을 향상하게 시켜 나간다면 과연 어떻게 될까?

열렬한 고전 마니아가 되고 나서 몇 개월 후가 되면 당신은 진정 그 전의 자기 자신과 전혀 다른 사람이 되어 있을 것이다.

고전을 통해 우리가 배울 수 있는 것은 단순한 삶의 처세가 아니라 그 이상이다.

단순한 삶의 처세는 지지 말고 이기고, 반드시 포기 하지 말라는 말일 것이다. 하지만 고전은 다르다. 고전은 이기려면 먼저 이기려는 그 마음을 버리고, 타인과 경쟁하려면 그 경쟁 자체에서 벗어나고, 자신과 경쟁하라는 지혜를 가르친다.

고전 마니아가 되는 것의 가장 큰 유익은 고저의 지혜를 삶의 일부분으로 받아들일 수 있다는 점일 것이다. 고전은 세상과 인간의 본질에 대한 탐구서이다. 그래서 고전을 가까이하는 고전 마니아가 되면, 고전의 핵심인 세상과 인간의 본질에 대해서 많은 것들을 깨닫게 되고, 세상과 인간을 바라보는 시각을 다르게 할 수 있다.

그렇게 된 사람이 세상살이를 허투루 하게 되는 일은 없을 것이다. 로또에 당첨되어 갑자기 수 십억이나 수백억이 생긴 사람은 세상살이를 허투루 하게 되는 일이 많다. 하지만 고전 마니아가 되어 고전의 지혜를 늘 가까이하는 사람은 절대로 세상살이를 허투루 할 수 없다. 결과가 어느 정도 내다보이기 때문이다.

그만큼 세상과 인생을 보는 눈이 길어지고, 깊어졌기 때문이다. 그래서 고전 마니아가 된 사람들은 직선보다 곡선을 더 좋아하게 되고, 전진보다 멈춤을 더 좋아하게 되고, 돈과 욕망의 노예가 아니라 자유할 수 있는 삶을 추구하게 되는 것이다.

열렬한 고전 마니아가 될수록 위태로운 삶에서 벗어나게 되고, 만족스럽고 행복하고 품격 있는 삶을 추구하게 된다. 우리가 고전을 가까이해야 할 이유가 바로 이것이기도 하다.

삶으로서의 고전을 읽어라.

독서를 하는 사람들은 두 가지 부류로 나눌 수 있다. 삶과 동떨어진 독서를 하는 사람과 삶이 변화되는 독서를 하는 사람이다. 필자는 전자에서 후자로 전환했고, 그 결과 지금의 모습이 되었다.

 고전을 읽는 사람들은 전자의 부류가 되기 힘들다. 고전의 본질이 삶과 동떨어져 있는 것이 불가능한 것이기 때문이다. 고전은 삶에서부터 나온 것이다. 그러한 것이 어떻게 삶과 동떨어져 있을 수 있겠는가?

 바로 이와 같은 이유로 고전을 읽는다는 것은 세상과 삶을 읽는다는 것이다. 그래서 삶과 동떨어진다는 것, 삶과 격리된 고전 읽기를 생각조차 할 수 없는 것이다.

 고전의 반열에 오른 책이 아니라, 일반 서적들도 그 본질은 삶이고, 인간이다. 그런 책들도 뿌리는 인간이고, 삶이기에, 삶과 동떨어져 있는 책 읽기, 특히 고전 읽기는 도저히 상상도 할 수 없는 기이한 일이다.

 고전을 읽었다면, 읽기 전과 읽기 후가 달라져야 하는 것은 그것이 삶의 하나의 과정이고, 그것이 삶 그 자체이기 때문이다.

 사람이 하루를 살았다면 그만큼 더 성장한 것이고, 그만큼 더 경험한 것이다. 그래서 삶을 살았던 사람들이 살기 전과 후 아무 변화도 성장도 경험도 없었다면 그것은 말이 되지 않는 소리이다.

 바로 이런 원리에서 고전은 삶이며, 삶으로서의 고전을 읽어야 한다.

 작가가 되면, 독서를 두 번 해야 한다. 한 번은 독자로서, 또 한 번은 작가로서. 하지만 고전은 다르다.

고전에는 독자가 없고, 작가가 없다. 물론 엄밀하게 말하면 존재하겠지만, 고전은 오랜 세월 독자와 작가의 경계가 사라져 버린 책들이다.

그래서 독자와 작가의 경계가 사라져 버리는 그 시점이 일반 책들이 고전의 반열로 올라서는 그 순간이라고 필자는 생각한다.

그렇게 사라지는 이유는 삶이란 것이 주인공과 관객으로 나눌 수 없는 전체적인 개념이기 때문이다.

누구의 삶은 삶이고, 다른 누구의 삶은 삶이 아니라고 할 수 없는 것과 마찬가지이다.

삶으로서의 고전을 읽는다는 것은 또한 삶으로서 고전과 마주치라는 말일 것이다. 고전은 우리의 삶 그 자체이기에 고전을 읽는다는 것은 결국 또 다른 삶과 마주친다는 말이 된다.

고전에 심취한 삶은 즐겁다.

마르쿠스 아우렐리우스는 [명상록]이란 책을 통해 이런 말을 한 적이 있다.

" 자기 영혼의 떨림을 따르지 않는 사람은 불행할 수밖에 없다."

우리가 고전에 심취할 때 즐겁고 행복한 이유가 바로 이것이다. 고전을 읽을 때 보다 더 떨림을 느낄 수 있는 경우가 많지 않다.

 온종일 떨림을 느끼게 해 주는 첫사랑은 인생에 단 한 번뿐이고, 기껏해야 연애할 때 자주 떨림을 경험하게 된다. 하지만 이런 시기는 긴 인생 여정에서 매우 적은 기간에 불과하다.

 나머지 인생 여정에 당신에게 진정한 떨림을 느끼게 해 줄 수 있는 행위는 고전뿐이다.

물론 취미 생활을 통해서 어느 정도 희열과 기쁨을 느낄 수는 있다. 하지만 그것은 주체인 자기 자신이 직접 해야 하고, 느낄 수 있는 범위와 깊이가 방대한 내용의 고전과 비교가 될 수 없다.

고전에 심취하면 할수록 당신의 인생은 거인을 닮아가게 된다. 그리고 그만큼 더 행복하게 되고, 즐겁게 되는 것이다.

인생은 주사위 게임이 절대 아니다. 스스로 하나씩 개척해 나가는 자유 의지의 산물이다.

' 참으로 진지한 철학적 문제는 오직 하나뿐이다. 그것은 바로 인생이다. '

라고 나는 말하고 싶다. 그 진지한 철학적 문제를 가장 잘 풀게 해 주는 것이 바로 고전이다. 고전은 수많은 인생의 집결체이기 때문이다.

그렇게 많은 수많은 삶과 연결될 때 당신의 삶은

즐거워지고 풍요로워지는 것이 당연하다.

 우리가 왜 하루하루가 즐겁지 않은 것인지 먼저 살펴보아야 한다.

 그 이유가 수만 가지쯤 되지 않을까? 하지만 그 수만 가지 이유 중에서 한 가지 이유는 우리가 노예의 삶을 알게 모르게 살고 있기 때문이라는 것이 아닐까?

 아리스토텔레스는 인간에 대한 논의로 다음과 같은 의미심장한 말을 남긴 적이 있다.

 " 본성적으로 자신이 아닌 다른 사람에게 속하는 인간은 본성적으로 노예다."

 다시 말해, 이 말은 주체적인 생각, 주체적인 행동, 주체적인 삶을 살아가지 않는 사람들은 본성적으로 노예일 수밖에 없다는 말이다.

 바로 이러한 이유에서 고전에 심취한 사람은 삶이

즐거울 수 있다. 생각해 보라. 노예들의 삶은 즐거울 수 없다.

'조용한 절망의 삶'을 우리들이 살아가고 있는 이유도 바로 여기에 있다고 할 수 있다. 우리는 알게 모르게 본성적으로 다른 사람에게, 다른 무엇인가에 속하고 싶고, 기대고 싶어 한다.

그래서 더욱더 힘이 들고 더욱더 즐겁지 않은 것이다. 그런데 고전에 심취할수록 놀라운 변화가 삶에 생기는 것을 필자는 느꼈다.

그 변화는 주체성을 회복하게 된다는 것이다. 과거에는 누군가가 정해놓은 삶의 모습에 기대고 싶고, 속하고 싶었다. 그런데 고전을 읽으면 읽을수록 주체적으로 사고할 수 있게 되고, 주체적으로 행동할 수 있게 되었다.

주체적으로 사고하고, 주체적으로 행동하는 것이 왜 중요할까?

한 마디로 삶이 즐거워지고, 의미가 생성되고, 가치 있는 삶이 되기 때문이다. 바로 이런 점에서 부자가 되거나, 성공하는 것보다 고전 독서가 더 중요한 것이다.

부자가 되거나 성공을 해도 삶이 즐겁거나 행복하지 못한 사람들이 의외로 적지 않다. 열심히 일해서 자기 손으로 부자가 되거나 성공을 한 사람도 그렇지만, 더 심한 경우의 수는 로또에 당첨되어 쉽게 부자가 된 사람들이다.

그런 사람들은 몇 년 안에 파산하거나 이혼하거나 자살한다고 한다. 물론 100%는 아니지만, 많은 사람이 로또에 당첨되지 않았다면 파산하지도 않았을 것이고, 이혼하지도 않았을 것이고, 자살하지도 않았을지도 모르는 사람들이 그렇게 했다는 것이다.

그 이유는 자신이 감당할 수 없는 거액의 돈이 갑자기 자신의 수중에 들어왔기 때문이다. 여기서 이것이 문제가 되는 가장 큰 이유는 주체적으로 생각하고 행동하고 살기가 힘이 들게 된다는 것이다.

돈이 갑자기 많아지면, 인간은 본성적으로 돈에 속하게 된다. 돈이 없었을 때는 생각도 하지 못한 생활과 생각에 종속되게 된다. 그것이 바로 돈의 노예가 되는 것이다.

마치 초등학생에게 1,000만 원을 현금으로 주면서, '네 마음대로 해라'고 하는 것과 다를 바 없다.

우리 인간은 감당해 낼 수 있는 만큼의 돈과 행운 안에서 행복할 수 있고, 즉 주체적인 삶을 살아낼 수 있다는 것이다.

고전에 심취할수록 옛사람들의 인생을 통해 우리의 의식과 그릇이 커지게 되는 것이다. 그래서 의식과 그릇이 큰 사람들은 어떤 인생을 만나도 그것의 노예가 되지 않고, 주체적인 사고와 행동을 할 수 있게 되는 것이다.

고전을 가까이하는 자들이 절대로 망하지 않는 이유가 바로 이것이다.

고전과 친구가 돼라.

즐거운 고전 읽기를 위해서 독자인 우리들이 가장 먼저 해야 하는 일은 무엇일까? 그것은 바로 자발적인 독서이다.

인간은 누군가 다른 사람이 시킨 일은 자기가 좋아하는 일이더라도 하기 싫어지기 마련이다. 하지만 누가 시키지 않은 일은, 특히 자발적으로 하는 일은 그 일이 아무리 힘들고 어렵더라도 즐겁게 하는 경향이 강하다.

독서도 바로 그렇다.

누군가가 시킨 경우, 혹은 다음 주까지 반드시 읽고 독후감을 써야 하는 책인 경우 읽기가 싫어진다. 이럴 때 읽기는 이 세상에서 가장 하기 싫은 일 중의 하나가 된다.

고전 읽기도 이와 같다. 누군가가 읽어야만 한다

고 강요해서 읽게 된다면 고전 읽기가 즐거울 수 없다. 즐겁지 않게 되면 그때부터 고전 읽기를 통해서 더 많은 것을 얻기는 이미 틀렸다.

사람은 즐거울 때 가장 창조적으로 되고, 사고력이 향상되기 때문이다. 즐거운 상태에서 무엇인가를 배우는 것이 슬플 때, 분노에 차 있을 때, 상심에 잠겨 있을 때 배우는 것보다 훨씬 더 효과가 높은 이유가 바로 여기에 있다.

우리가 고전과 친구가 되어야 할 이유도 바로 이것이다.

고전과 친구가 되면, 고전 읽기가 의무가 아니라 특권이 된다. 의무에서 특권으로 전환되는 순간 고전 읽기는 즐거움 그 자체가 된다.

즐거움이 될 때, 우리는 고전 읽기가 자발적인 행위가 될 수 있다. 이렇게 자발적인 행위가 되면, 고전 읽기는 더 이상 누군가를 위한 의무가 아니라 자기 자신을 위한 가장 이기적인 행위가 된다.

이런 사실에 대해 [왜 책을 읽는가?]의 저자인 샤를 단치도 이렇게 말한 바 있다.

" 우리는 세상을 이해하기 위해, 그리고 자기 자신을 이해하기 위해 책을 읽는다. 좀 더 너그러운 사람이라면 작가를 이해하기 위해 책을 읽을 수도 있을 것이다. 이러한 독서는 가장 위대한 독서가만이 할 수 있을뿐더러, 일단 세상과 자기 자신에 대한 이해라는 기본적인 목적이 충족된 이후에야 가능하리라 생각한다. 독서는 죽은 자들마저도 노래하게 만들 수 있지만, 그것만이 책을 읽는 이유는 아니다. 우리가 독서를 하는 진짜 이유는 책 자체를 위해서가 아니라 자기 자신을 위해서다. 책을 읽는 것만큼 이기적인 행위는 없을 것이다." < 샤를 단치, [왜 책을 읽는가], 27쪽 >

책을 읽는다는 것을 가장 이기적인 행위라고 말한다. 필자는 이 사실을 잘 알고 있다. 누구보다 심각하게 뼈저리게 이 사실을 알고 있다.

하루 종일, 독서만 하는 것은 세상에서 가장 이기

적인 행위이다. 필자는 거액의 연봉과 국내 최고의 대기업이라고 하는 그 좋은 회사를 헌신짝처럼 내팽개치고, 도서관에 칩거하기 시작했고, 3년 동안 매일 도서관에 출근했다. 물론 월급은 단 한 푼도 없었다.

무직자의 신분으로, 국민의 이름으로 나는 당당하게 매일 도서관에 출근했고, 수만 권의 책과 친구가 되었다.

그렇게 친구가 되자, 인생이 완전하게 달라졌다. 이것보다 더 이기적인 행위가 또 어디 있을까?

책과 친구가 되고, 특히 고전과 친구가 되자, 세상을 바라보는 시선이 달라졌다. 세상은 어제나 오늘이나 매한가지였지만, 그 세상 속에서 살면서 세상을 바라보는 시선만 달라졌는데, 세상은 완전히 딴 세상이 되었다.

이것이 고전의 힘인 것 같다. 고전과 친구가 될수록 이 세상과 자기 자신을 발견할 수 있게 해 주는 묘한 능력이 생기는 듯하다. 고전과 단 한 번도 친구가 되어 보지 못한 사람은 이 사실을 절대 이해할 수 없을 것이다.

고전으로 인생을 혁명하라.

" 오늘날 철학 교수는 있지만 哲人 철인은 없다. 철인이 되는 것은 그저 정교한 사상을 지니는 것이 아니며 어떤 학파를 세우기 위한 것도 아니다. 예지 叡智를 사랑하며 그 가르침에 따라 소박하고 독립적이면서 너그럽고 진실한 삶을 사는 것이다." __ 헨리 데이비드 소로우

 단 한 번뿐인 인생이다. 그래서 죽음도 필연적으로 우리에게 다가온다. 하지만 죽음을 피할 순 없지만, 두려워할 필요는 없다.

 죽음을 두려워하지 않기 위해 당신은 한 번뿐인 인생을 혁명해서, 보란 듯이 제대로 잘 살아야 할 필요성이 생기는 것이다.

 우리가 기쁨과 사랑으로 가득 찬 소박하고 진실한 삶을 살아가게 된다면, 그것이 진정으로 가능하다면 당신은 이미 당신의 인생을 혁명한 것과 다름없

다.

 물론 숨 쉬고 살아있는 한 인생은 계속된다. 하지만 생명을 유지하는 차원의 삶을 살 것인지, 아니면 가슴 떨리고 울림이 있는 눈부신 삶을 살아 낼 것인지는 전혀 다른 차원의 문제이다.

 이 세상에 고전이 존재하지 않는다면, 지금까지 인류가 배출한 수많은 위대한 삶들이 탄생하지 않았을지도 모른다.

 그만큼 고전은 인생을 혁명하기에 최고의 도구이며, 수단이며, 인생 그 자체이다.

어떤 작가가 이 나라에선 마흔 살이 넘으면 다른 삶이 없다고 이야기했고, 그 말을 들은 또 다른 작가가 이 말을 듣고 가슴이 절절하게 아파졌다고 한다.

 필자는 이 이야기를, 책을 통해 접하고 나서 정말 답답한 마음을 억누를 수 없었다. 중요한 것은 우리가 처한 환경, 우리가 살고 있는 나라가 아니다.

어떤 사람이라도 환경을 100% 지배를 당해야 하는 것은 아니다.

똑같은 환경에서 자란 두 형제가 있었다. 너무 많이 이야기를 해서 필자의 책을 좋아하는 팬들은 알 것이다.

아버지가 술주정뱅이에, 범죄자에, 무직자에, 알코올 중독자이다. 그래서 하루 종일 집에 있으면서 하는 일이라고는 두 형제를 때리고 못살게 구는 일이었다.

어머니는 집을 나간 지 벌써 오래전 일이었다. 이런 상황에서 두 형제에게 다른 인생, 다른 미래, 다른 삶이 있었을까?

놀랍게도 첫 번째 아들과 두 번째 아들의 삶은 전혀 달랐다. 똑같은 환경, 똑같은 부모, 똑같은 가정에서도 삶은 다를 수가 있다. 첫 번째 아들은 아버지를 닮아서 범죄자가 되었고, 술주정뱅이가 되었고, 알코올 중독자가 되었다.

첫 번째 아들에게 왜 이렇게 사느냐고 누가 물어보면 아마도 이렇게 대답할 것이다.

"불행한 가정환경 때문에 어쩔 수 없이 이렇게 되었습니다."라고 핑계를 댈 것이다.

하지만 이러한 핑계가 부끄러운 짓이 되게 하는 것도 똑같은 가정환경 속에서 자란 둘째 아들의 전혀 다른 삶이다.

둘째 아들은 놀랍게도 변호사가 되어 있었다.

이처럼 환경에 모든 탓을 돌리게 되면 끝이 없다. 환경은 충분히 극복해 낼 수 있다. 같은 보육원에서 자란 두 사람의 인생이 전혀 다른 것도 이와 같은 이유이다.

하물며 이 나라가 어때서? 그것도 인생의 산전수전을 다 겪은 40대가 자신의 인생을 책임지지 못한다는 것은 어불성설이다.

균등한 기회를 받지 못 했다고 불평하는 20대라면 모를까? 이미 다 자란 40대가 환경 탓을 한다는 것은 말이 안 되는 이야기다.

중요한 것은 이것이다.

고전을 통해 자신의 의식을 변화시킨 사람들은 환경을 쉽게 극복해 나갈 수 있고, 어제와 다른 삶을 얼마든지 살아낼 수 있다는 사실이다.

고전은 우리의 힘이다. 고전을 가까이하는 자는 절대로 망하지 않는다. 고전은 엄청난 내면의 힘을 기를 수 있게 해 주기 때문에 우리 나이가 얼마이든, 우리가 어떤 나라에 살고 있든 상관없이 인생을 혁명할 수 있는 힘을 얻게 된다.

고전의 신이 되어라.

 당신이 고전의 신이 된다면, 어떤 모습으로 고전을 읽고 있을까?

 위대한 고전의 신이었던 버지니아 울프는 그리스 고전은 그리스어로 읽었고, 라틴 고전은 라틴어로 독서하라고 말한다. 일단 언어가 바뀌면 시각이 바뀌고 생각이 바뀔 수 있다. 언어가 전해줄 수 있는 정도와 범위가 각기 다르기 때문이다.

 즐겁게 고전 읽기를 넘어서는 단계가 바로 고전의 신이 되는 단계일 것이다. 많은 사람은 고전을 즐겁게 읽는 수준에도 미치지 못한다. 그래서 고전을 좋아하는 사람들이 드문 것이다.

 고전을 좋아하는 사람들이라고 해도, 고전을 오롯이 즐길 수 있는 수준까지 올라온 사람들은 많이 찾아볼 수 없다. 하지만 이 책에서 조언해 드리는 바대로 하나씩 실천해 나간다면 쉽게 빨리 고전을 즐길 수 있게 될 것으로 생각한다.

고전을 즐기는 단계에서 한 번 더 도약을 하면, 고전의 신이 된다. 고전의 신이 되면 고전을 그 이전과는 완전하게 다르게 해석하고, 다르게 읽게 된다.

그 이전에는 고전 속에 담겨 있는 이야기에 초점을 맞추었지만, 고전의 신이 되면, 이후부터는 고전 속에 담긴 이야기를 완벽하게 벗어나 모든 이야기로 확장할 수 있게 된다.

쉽게 말해서, 필자는 [군주론]을 여러 번 읽은 적이 있다. 그런데 고전의 신이 되기 전에는 이 책을 아무리 읽어도 별로 큰 배움을 얻지 못했다.

그 이유는 이 책이 너무 필자의 수준보다 높은 책이었기 때문이다. 그래서 필자는 자주 말한다.

고전은 자신의 수준을 넘어서 읽게 되면 약보다 해가 되는 경우가 더 많다고 말이다.

고전을 읽을 때 한 가지 주의해야 하는 점이 이것이다. 자신의 수준이 독서력에 있어서 초급 수준이라면 아무리 좋은 고전이라고 해도 고급 수준의 책을 읽게 되면, 배울 수 있는 것이 극히 적어진다.

이것은 초등학생이 의욕만 앞서서 대학교 교재를 혼자 공부하는 것과 다를 바 없다. 정말 천재가 아니라면 이러한 일은 불가능하다.

고전을 꾸준히 읽고, 좋은 독서법을 발견하거나 배워서 독서하게 되면, 멀지 않아 고전을 즐길 수 있게 되고, 나아가서 고전의 신이 된다.

자신의 수준이 고급으로 향상되면 그때부터 고전 독서가 달라진다.

필자의 진짜 경험을 이야기하자면 이렇다.

5년 전에 필자는 평범한 직장인이었다. 이때 군주론을 읽었을 때는 글자 하나하나 빼 먹지 않고 정말 성실하게 읽었다. 하지만 배우는 것, 생각하는 것은 하나도 없었다. 그저 글자만 읽는 수준이었고, 오직 읽기만 하는 바보였다.

그런데 2년 전쯤에 다시 군주론을 읽게 되었다. 이 때는 글자 하나하나 읽지 않고 통으로 읽고, 전체를 보았다. 그런데 깜짝 놀랐다.

 과거에는 보지 못했던, 박정희 전 대통령과 김제규의 그 일이 이 책에 담겨 있다는 것을 알았기 때문이다. 글자만 달랐지, 이 책은 이미 이 사건이 왜 일어났고, 어떻게 해서 발단이 되었고, 무엇 때문에 시작된 것인지에 대해서 이미 다 말해주고 있었다.

 세상의 이치와 원리는 동일하기 때문이다.

 이것이 바로 고전 독서력이 꾸준히 향상되면, 얻게 되는 고전의 신, 혹은 고전 읽기 고수의 독서이다.

 책에 담겨 있는 지식과 내용만 얻는 것은 초급 수준이다. 책 내용을 훌쩍 뛰어넘어 훨씬 더 깊고 넓게 나아가는 것이 고급 독서 수준이다. 이렇게 고급 독서를 할 수 있는 사람들은 어떤 분야의 강의를 부탁해도 일주일 후면 강의를 할 수 있는 수준으로 스스로 도약하는 사람들이다.

고전의 신이라는 것은 다른 말로 고전 독서력이 상당히 뛰어난 사람을 일컫는다. 그래서 이런 사람들은 독서 천재 이상으로 고전 독서 천재들이다. 그리고 이런 사람들은 스스로 대학원의 교수가 되고, 대학원생이 되어, 일인이역을 할 수 있는 사람들이다.

마치 피터 드러커가 3년마다 주제를 바꾸어 가면서 새로운 분야의 공부를 했던 것처럼, 고전 독서의 신의 되면 비싼 등록금과 수업료를 내지 않고, 책을 통해 스스로 공부하고 배울 수 있고, 필요한 커리큘럼을 만들 수 있다.

그런 점에서 독서할 수 있는 능력은 이 세상에서 그 어떤 것보다 더 귀한 재산이다.

그래서 허균의 [한정록]에 보면 이렇게 말하는 대

목이 나온다.

" 재물을 많이 쌓아 두는 것이 얕은 재주를 몸에 지니는 것만 못하다. 재주 중에 익히기 쉽고 귀한 것은 독서만 한 것이 없다. 세상 사람들은 어진 이나 어리석은 이나 할 것 없이 모두 많은 사람을 알고 여러 가지 일을 해 보고 싶어 한다. 그러면서도 책은 읽으려 들지 않는다. 이는 배부르기를 구하면서 먹거리 마련에는 게으르고, 따뜻하려 들면서 옷해 입는 데는 나태한 것과 같다."

앞으로 시대가 변할수록 스스로 공부하고 배울 수 있는 독서 능력은 더 중요해지리라는 것이 필자의 주장이다.

자신을 살아있는 고전으로 만들어라.

' 전쟁이 발발했을 때도 나는 낮잠을 자야 했다. 그렇게 해야 내가 맡은 책임을 다할 수 있었기 때문이다.'

윈스턴 처칠의 이 말은 나를 사로잡았다. 위대한 위인들은 세상이 놀랄 만큼 자기 삶에 집중한다. 엄청난 시간과 에너지를 자기 일에 투입할 수 있는 힘은 바로 여기에서 나온다.

당신은 전쟁이 발발해도 자신이 지금 하고 있는 그 일에 집중할 수 있는가? 그 일에 보통 때와 다름없이 집중하기 위해서는 긴장과 이완 간의 균형을 맞출 줄 아는 사람이 되어야 한다.

빌 게이츠에 대한 전기에서 나는 이런 내용의 대목을 읽은 적이 있다. 마이크로소프트에서 가장 열심히 일하는 사람은 다름 아닌 회장인 빌 게이츠라는 말을 말이다. 그래서 그는 일에 너무 몰두한 나머지 겉모습에 신경 쓰지도 않고, 식사하는 것을 심지어 잊어버리는 때도 많았다고 한다.

당신은 어떤가?

정해진 근무시간 혹은 일과가 너무 더디게 흘러서 지겨운 적이 많은가? 그렇다면 뭔가 문제가 있다. 문제의 본질이 무엇인지 찾아서 고치지 않는 한 당신은 자신을 위대한 존재로 만들 수 없다.

자신을 살아있는 고전으로 만들어야 하는 이유가 바로 이것이다.

고전을 가까이하는 자는 스스로 고전이 되어야 한다. 물론 의무나 당위성은 존재하지 않는다. 다만 자연스럽게 고전을 가까이하는 자는 결국 고전의 주인공이 되게 되고, 스스로 전설이 되거나 신이 된다.

그렇다고 해서 종교에서 믿는 신을 이야기하는 것은 절대 아니다.

박지성 선수는 한국 축구의 전설이 되었다. 바로 이런 전설을 말한다.

자신을 살아있는 고전의 전설로 만든다는 것은 결국 고전을 통해 고전에 나오는 위인이 될 수 있다는 말을 우회적으로 표현한 말이기도 하다.

물론 다른 의미도 포함되어 있다. 고전의 전설로 만들라는 말은 또한 고전을 깊게 넓게 읽어서 많은 고전을 섭렵하라는 말이기도 하다.

그런데 이 두 말이 연결되어 있다고 필자는 생각한다.

즉 고전을 깊게 넓게 읽어서 많은 고전을 섭렵한 사람들은 반드시 위대한 인물이 되어, 고전의 주인공이 될 것이라고 필자는 믿고 있기 때문이다.

이것은 고전의 힘을 믿기 때문이다.

사람은 누구나 위대해질 수 있다. 하지만 위대해지

기란 쉽지 않다.

그래서 우리에게 필요한 것은 위대함의 결정체인 고전을 읽어야 하는 것이다.

우리가 위대해지기 어려운 이유는 우리는 쉽게 눈앞만 보고 걷기 때문이다. 이것이 본능에 가까운 것이기 때문에, 길게 보지 못하고 눈앞의 이익만 생각하고, 눈앞의 편리함과 안전함만 추구한다.

그래서 하루하루 세상에 휘둘리면서 살다가 정작 큰 목표를 놓치게 되고, 그로 인해 큰 인생을 살아가지 못하는 사람으로 전락하게 되고 마는 것이다.

누구나 위대해질 수 있음에도 많은 사람이, 대부분 사람이 위대해지지 못한 이유가 바로 이것이다.

너무 근시안적인 시각을 가지고 있기 때문이다. 이런 근시안적인 시각을 바꾸어줄 수 있는 유일한 것이 있다면 바로 고전이다.

톨스토이는 '인생의 목적과 그것을 성취하는 방법을 깨닫는 것이 바로 지혜'라고 말한 적이 있다.

너무 많은 사람이 인생의 목적을 놓친 상태로 살아가고 있다. 그래서 하루하루 열심히 살았음에도 뭔가 이루어 놓은 것이 없게 된다. 특히 50대가 되고, 60대가 된 후 치열하게 살아온 인생을 뒤돌아보면, 허무해 지는 그 순간, 이 사실을 알게 된다.

반대로 목적을 가지고 있는 사람들은 다르다. 어려운 것은 위대한 사람이 되는 것이 어려운 것이 아니라, 위대한 사람이 될 수 있는 조건인 삶의 위대한 목적이나 목표를 붙잡고 살아가는 것이다.

스스로 길을 열어가라.

'새로운 것을 시도할 용기를 가지고 있지 않다면, 우리의 삶은 과연 어떤 모습일까?'

빈센트 반 고흐의 이 말처럼, 우리에게 새로운 것을 시도할 용기가 없다면 그것은 삶이라고 할 수 없다. 왜냐하면 매일 어제 했던 것만 하면서 사는 삶은 죽은 삶과 다를 바 없기 때문이다.

즐거운 고전 읽기는 책만 읽어 세상일에 서투른 서생이 되는 것이 목표가 아니다. 즐거운 고전을 통해 세상일을 더 잘 해낼 수 있는 인재를 만드는 것이 목표이다.

물론 실질적인 전문가가 되게 하지는 않는다. 하지만 고전 읽기를 통해 어떤 분야에서 무슨 일을 하더라도 고전을 읽지 않은 사람보다는 더 잘할 수 있는 사람이 될 수 있다.

더 중요한 사실은 고전 읽기를 통해 스스로 길을 열어갈 수 있는 지혜와 의식이 생긴다는 사실이다.

감히 꿈에서나 생각했던 그런 인생을 진정으로 살아 보기를 원하는가?

그렇다면 고전을 읽어야 한다. 고전을 통해 두려움을 가로질러 스스로 길을 열어나갈 수 있게 되기 때문이다.

고전은 두려움을 가로질러 스스로 길을 열어나갈 수 있는 사람이 되게 해 준다. 그래서 고전은 그 어떤 멘토보다 더 훌륭한 멘토이다.

훌륭한 멘토를 만나서 직접 가르침을 받을 수 있는 사람들이 몇 명이나 될까? 이것은 좋은 대학에 입학했을 때 가능하다. 하지만 이것도 몇 년 후에 졸업하게 되면 힘들어진다.

그래서 훌륭한 멘토를 만나서 직접 배우는 것은, 특히 평생 그러한 가르침을 받는 것은 사실상 불가능하다. 그런 훌륭한 멘토가 당신을 위해서만 존재하는 당신의 개인 교수가 아니기 때문이다.

하지만 고전을 가까이하는 사람들은 다르다.

특히 훌륭한 누군가에게 무엇을 배우고 싶다면, 그 사람이 쓴 책들을 다 읽고, 평생 가까이 두면서 반복해서 읽게 되면, 충분히 자신의 멘토로 삼는 효과를 얻을 수 있다.

바로 이런 점에서 고전이 더 위대한 멘토이다. 왜냐하면 고전만이 해 줄 수 있는 이런 장점들이 있기 때문이다.

즐거운 고전 읽기의 주된 목표는 책만 읽어서 세상 물정 모르는 서생을 만들어 내는 것이 아니라 위대한 멘토들을 평생 자신의 곁에 두고 매일 가르침을 받도록 하는 것이다.

고전을 위대한 멘토로 삼아, 평생 가르침을 받는 방법은 생각보다 간단하다.

[도덕경]이란 책을 평생 자신의 책상 위에 두고, 매일 아침과 저녁, 읽고 묵상하고 그 책의 내용을 자기 삶에 적용해 나간다면 그 사람은 노자라는 위대한 스승을 자기 개인 멘토로 삼은 것과 다를 바 없다.

[논어]라는 책을 이렇게 한다면, 그 사람은 공자라는 위대한 스승을 자기의 개인 멘토로 삼은 것과 다름없다. [목민심서]를 비롯해서 다산 정약용의 많은 책들을 읽고 되새기고 실천한다면 그 사람은 조선조 최고의 학자인 다산 선생을 멘토로 둔 다산 정약용 선생의 멘티임이 분명하다.

자! 당신은 누구를 당신의 멘토로 삼았는가? 멘토가 없다고 인생을 잘못 사는 것은 절대 아니다. 하지만 위대한 인물들을 자신의 멘토로 삼아 살아가는 사람들은 분명 인생을 좀 더 잘 살아가게 될 것이다.

자동차가 없어도 인생을 잘못 사는 것은 아니다. 하지만 자동차를 통해 누릴 수 있는 많은 것들을 포기하지 않는 사람들이 좀 더 풍요로운 인생을 살 수 있게 된다. 특히 자녀들을 키우는 부모라면, 자동차가 있을 때와 없을 때, 힘들고 불편한 것이 한둘이 아님을 알 것이다.

이와 마찬가지다. 고전을 안 읽어도 당신은 살아갈 수 있다. 고전을 안 읽는다고 해서 당신이 인생을 잘못 사는 것은 아니다. 하지만 고전을 읽어, 자기 삶에 적용까지 시키는 고전 읽기의 모든 단계를 직접 체험해 보고 느껴본 사람은 절대 고전을 손에서 놓을 수 없게 된다.

한 번 자동차의 위력을 느껴본 사람은 평생 자동차 없이 사는 것이 매우 힘든 것과 마찬가지다.

고전은 자동차와 비교도 할 수 없는 위대한 것이다. 고전은 한 사람의 인생을 송두리째 바꾸어 놓을 수 있는 것이기 때문이다.

고전을 읽고 가까이했기 때문에 평범했던 사람들이 위대한 사람이 되어, 위대한 삶을 살아가게 되는 경우가 너무나 많기 때문이다.

에필로그 _ 단 한 번뿐인 인생, 제대로 살고 싶다면 고전에 미쳐라.

 이 세상에서 정말 아름답고, 가치 있고, 탐나는 것은 돈을 주고 살 수 없다. 고전이란 책은 돈을 주고 살 수 있지만, 고전이라는 책 속에 담긴 지혜와 높은 수준의 의식과 사고는 절대 돈을 주고 살 수 없다. 그것은 직접 책을 펼쳐 들고, 눈으로 읽고, 머리로 생각하고, 가슴으로 받아들이고, 몸으로 실천해야만 자신의 것이 된다.

 그래서 단 한 번뿐인 인생, 제대로 살고 싶다면 고전에 미쳐야 한다.

 타인을 위한 최고의 선물은 우리의 부를 나누어 주는 것이 아니라 그들 자신이 가지고 있는 내면의 풍요로움을 드러내 주는 것이듯, 우리 자신에게 해 줄 수 있는 최고의 선물은 세상의 부와 성공을 획득하는 것이 아니라 우리 내면에 있는 최고의 지혜와 의식과 생각을 발견하는 것이다.

다시 말해, 우리가 우리 자신에게 해 줄 수 있는 최고의 선물은 최고의 자신을 발견하고, 최고의 인생을 살아가도록 하는 것이다. 그런데 그러한 것들을 할 수 있게 해 주는 것은 유일무이하게 고전뿐이다.

 더 엄밀하게 말해서 고전 읽기뿐이다.

 고전에 미쳐야 하는 이유는 돌멩이와 산을 구별해 낼 수 있는 자와 없는 자의 인생은 전혀 다르기 때문이다. 우리 인간이 동물과 다른 삶을 살아낼 수 있는 이유도 바로 여기에 있다.

 그런데 같은 성인이라도 인생이 전혀 다른 모습을 하고 있음을 우리는 안다. 그런 천차만별의 인생 모습은 바로 돌멩이와 산을 얼마나 잘 구별해 낼 수 있는지에 달려 있다.

 다시 말해, 분별력과 판단력을 주도하는 우리의 의식과 사고력의 차이가 바로 우리 삶의 모습을 결정한다고 필자는 생각한다.

위대한 인물들을 보면, 하나같이 사고력과 의식이 뛰어난 인물들이다. 그래서 누가 반대해도 쉽게 포기하지 않는다. 그들이 보기에는 돌멩이와 산이 같아 보여도, 위대한 사람들 눈에는 분명히 다른 것이기 때문에 아무리 실패를 해도 절대 포기할 수 없는 것이다.

분명히 성공할 것이 확실하여서 어떻게 포기를 할 수 있을까? 지금 당장 눈앞에 결과는 절대 안 된다. 실패했다. 포기해야 한다고 말하지만, 위인들의 눈에는 그것이 불가능이 아니라 가능으로 보인다는 것이다.

이것이 바로 분별력과 사고력의 차이에서 비롯된다는 것이다. 그래서 고전 읽기를 통해 사고력과 분별력이 높은 사람들은 언제나 세상과 다른 사람들의 엄청난 반대와 역경과 실패에 부딪히게 되는 것이 당연하다.

하지만 결국에는 자기 생각이 옳다는 것을 또한 입증해서 보여주는 쪽은 항상 반대했던 사람들이 아

판권

종이책 : 값 13,000 원

초판 인쇄: 2025년 10월 30일
초판 발행: 2025년 10월 30일

지은이: 김병완
발행인: 플랫폼연구소

출판등록: 제 2020-000075호

전화: 010-3920-6036 / 02-556-6036
이메일: pflab2020@naver.com

주소:서울시 강남구 삼성동 116 백우빌딩 402호

ISBN 979-11-91396-70-6 (03190)

* 이 책의 전부 또는 일부 내용을 재사용하시려면 사전에 저작권자와 도서출판 (주) 플랫폼연구소의 동의를 받아야 합니다.

* 잘못된 책은 구입하신 서점에서 교환하여 드립니다.

니라 꿋꿋하게 밀고 나갔던 소수의 괴짜고, 위인들이다.

이러한 분별력과 사고력, 높은 수준의 의식은 고전 읽기를 통해서만 얻을 수 있다. 그래서 한 번뿐인 인생, 제대로 살고 싶다면 고전에 미쳐라.